U0511382

梁治平 著

法律与说理

商务印书馆
The Commercial Press

目录

现代化视野中的法律职业[*]

把法律看成一种特殊的社会现象,视法律从业者为一种职业,既是本次会议主题的"题中之义",也是前面几位发言人视为当然的前提。我们的讨论不妨就从这里开始。

的确,"法律人"的说法暗含了一种职业的观念,而把"法律人"视为一种职业至少意味着:(1)法律职业内在地拥有一系列独具的特征,因此能够区别于其他职业,这些独具的特征和要素包括语言(所谓法言法语),适用法律的技艺,独特的思想方法和推理过程,特殊的组织形式,独具的符号系统,职业传统,等等;(2)法律职业具有某种特定和不可替代的社会功能,并因此与社会其他职业形成密切配合的关系;(3)由其内在的独特性和外在的独立性产生[法律职业]相对的自足性和自治性;

---

[*] 本文是笔者 2002 年在西北政法学院组织的一次法律问题研讨会上的发言。

(4)作为正常社会生活所需的一部分,法律职业的正当性不言而喻。

然而,这种关于法律、法律人和法律职业的观念不仅是现代的,也是外来的。"法律职业"显然是 legal profession 的中文译法,"法律人",我猜想,则是由 lawyer 这个词来的。我们传统的语汇里没有同样的观念。民间的"讼师"常常被描写成拨弄是非、教唆词讼以便从中渔利的莠民,自不待言;官府的"代书""刀笔吏"也一样声誉不佳。"刑名师爷"和"幕友"这类于地方司法活动必不可少的人物地位稍高,却也不是令人羡慕的角色。当然,从社会学的角度看,上述这些人的活动也未尝不是一种职业,它也具有一般意义上"职业"的某些特点,但是这种"职业"与我们在前面所界定的法律职业显然有很大的区别,不可混为一谈。值得注意的是,这里所讲的法律职业不但为中国传统社会所缺乏,也不见于其他前现代社会,包括前现代的欧洲社会。尽管人们可以把近代法律职业的远源一直追溯到古代罗马,但是严格说来,现代意义上的法律职业产生于 18、19 世纪,与西欧社会的现代转型有直接的关联。

西欧社会的现代转型是一个非常复杂的过程,其影响及于社会生活的各个方面,在法律制度方面也有充分的表现。比如,与现代化相伴的世俗化和理性化塑造了现代法律制度的基本性格;现代法律所体现的个人主义原则同时也是现代社会的基本价值;构成现代政治生活之基础的民族国家既塑造了现代法制,也因为现代法律制度的建立和发展而得到强化。尤其重要的是,现代法律制度作为一个整体,既是现代化过程的产物,同时也表现为一种与现代社会相匹配的秩序类型,这种秩序类型即是人们惯常所说的法治或者法律秩序。

在《现代社会中的法律》一书中,昂格尔(Roberto Unger)指出了现代法律制度即他所谓的法律秩序中法律所具有的四个特征,那就是公共性、实在性、普遍性和自治性,其中,自治性同时表现在内容、机构、方法和职业四个方面。这四个方面,尤其后两个方面,显然与我们今天讨论的主题密切相关。自然,有各种各样的法治理论,不同的理论强调现代法律秩序的不同方面和特点,尽管如此,几乎所有相关理论都不会轻忽[法律的]自治性这一点,而大多数学者在讨论法律的自治性问题时也一定要谈[法学]方法的特殊性和[法律]职业自治。

了解了这样的背景再回头去看发端于清末的法律移植,我们就会清楚地看到,法律移植所"移植"者远不只是一些新的法例和规条,还有一种新的法律理念和秩序类型。无论是在清末民初还是在过去 20 年,法律改革的意义都远远超出其本身,而与某种深刻的社会变迁相联系。确切地说,法律移植乃是现代化的重要方法、步骤、措施和象征。在这个意义上,现代化目标的确立和"依法治国"口号的提出,原是同一过程的两个不同方面。不过,值得注意的是,法律与社会的这种联系并不是自然而然的和自明的,不像人们常常喜欢说的那样是"纯粹客观"的,毋宁说,它是一套人为建构出来的理论、学说乃至意识形态,包含了一系列未曾明言的假定。这些理论、学说、意识形态和包含于其中的假定随法律一道移植到中国,并以这样或那样的方式得到传播,其重要性不在那些法律之下。实际上,它们是法律移植和法律改革的思想依据。在"依法治国"和"与国际接轨"进行得如火如荼的今天,人们可以在许多流行的口号当中轻而易举地发现这些既是描述性又是规定性的预设和假定。比如,"市场经济就是法制(法治)经济"的口号显然假定法治是经济发展的前提条件;"[现时代是]权利的时代"的说法则把个人权利置于现代社会与现代法律的核心位置。又比如,在许多学者和决策者那里,律师人数的多寡以及法律教育和法律职业的发达程度被看成是一个社会现代化程度的指标。甚至,我们今天的议题也包含了若干假定,它假定确实有一种独一无二的法律方法论,假定法律职业对于我们这个时代和社会的必要性,假定它们体现了一系列积极的和正面的价值。

自然,这些假定并不都是没有根据的。至少,我相信它们包含了许多有益的经验和真知灼见。因此,提出这些问题的目的并不是要简单地否定上述假定,而是想让我们注意、面对和重新审视这些假定,避免简单化和想当然。事实上,如果不是想当然,我们不难发现那些假定中的许多关联并不十分清楚。比如法治与经济发展的关系就远不是清楚明白的。根据韦伯的理性化标准,大陆法制度应当比普通法制度更适合现代经济发展,但这不能很好地解释19世纪英国和20世纪美国的经济发展情形。另一个例子是日本。日本的现代化程度很高,但很少有人把这一点归功于其法律制度。因为,日本虽然成功地引进和建立了现代法制,但是法律在日本社会中的作用并不像它在西方社会里那样突出,法律与社会尤其是与经济发展的关系也更加曲折和复杂。最后一个例子是中国。在过去大约20年间,中国经济的高速增长引人瞩目,然而在另一方面,我想大家也都同意,这期间法制的状况远不能令人满意。那么这是否意味着,过去或者将来,法制状况的改善必定伴随着更高的经济增长率?问题显然并不如此简单。当然,相反的结论也不成立。我用这个例子是要说明,法律与经济乃至社会的关系常常较我们想象的更加复杂,且这种复杂性无法用任一种单一模式来了解和说明。对其他预设和假定也可作如是观。以为律师行业的发展壮大会自然地促成自由主义社会的诸般价值,这是一种一厢情愿的想法;相信法律有其特有的性质和方法,这种信念也随着法律形式主义的式微而被动摇。问题是,我们往往忽略或者不能够正视事物的这一面。这有时是因为,人们认为中国社会现下所面临的问题足够简单,复杂的学说和思考在这里不啻奢侈品。不过依我之见,在更多的时候乃是因为,我们对于上述理论、学说和意识形态中所包含的种种假定向来缺乏足够深入的思考和论证。

自从清末的法律改革以来,我们一直把学习西方"先进",建立现代法律制度视为中国现代化的一项重要内容。我们相信现代化与现代法制有一种内在的伴生关系,因为我们自信"看到"和"了解"了西方社会成功的经验。我们期待着通过移植西方制度建立一个像西方社会一样富强的国家。这种想法不能说没有道理,而且也很容易理解。不过,社会演进、制度变迁的机制与奥秘实在比我们人类的心思智虑深邃复杂得太多。过去一百年来,"主流"强势文明压倒性的影响,摆脱贫弱的急切心情,以及威权主义政治的压迫,在在不利于一个社会健全、理性、成熟心智的成长。因此之故,在我们的社会里,简单响亮的主张和口号最受欢迎,流行无碍,真实的问题反倒容易被忽略。比如,长期以来,在许多政府官员、学者乃至普通人的口中，"外国"这个词通常是指西方，而在说"西方"的时候，他们心中想到的往往是美国。这种不自觉的概念转换和概念混淆很容易造成心灵的蔽障。遗憾的是，这样的危险甚至也已渗入我们正在讨论的领域。

到目前为止，国内学者谈司法改革，包括我们在此讨论法律人、法律职业、法律方法等等，无不是把美国司法制度奉为圭臬。这些年来，我也不时听到业内外人士关于引进判例法以解决中国社会中某些问题的主张。普通法制度有许多优长，值得我们认真学习，这一点没有疑问。但在讨论今天中国的司法改革和法律职业问题时，大家一味以美国制度为楷模，这应该说是非常奇怪的事情。且不说中国既有的传统源自欧陆法系，与普通法传统相去较远。即使在西方法律世界中，美国法律制度在许多方面也都相当特异，并不比其他国家的制度更具代表性和普遍性。早在50多年前，美国法学家庞德来华考察中国法律制度与法学教育后便指出，中国已经建立了自己的传统，不宜改弦易辙、另起炉灶。他还指出，改习美国制度将要遇到的种种困难很可能导致事倍功半、得不偿失的结果。庞氏的警示言犹在耳，可惜我们充耳不闻。这固然是因为在我们眼中，美国最强大最成功也最先进，因为我们总是相信，最成功的经验必然也是最切合于我们的经验。这也是因为，大多数人所了解的，尽管多半只是肤浅地了解的，恰巧只是美国的经验。我说"恰巧"，是因为这个词可以很好地说明我们在"选择"学习对象时的偶然性。我们了解美国或者英语世界较多，是因为恰好我们懂一点英语，我们有较多机会访问美国，我们接触最多的西文文献（包括翻译为中文的）是英语一系。这些固然可以表明美国影响力之强大，但却不能够证明美国的经验因此也最切合于中国。其他许多国家，首先是欧陆国家的经验如果不是更切近于中国社会，至少也具有同样的相关性。如果我们意识不到这一点，而让某种知识上的偶然性去决定问题的范围和思路，那将是不可原谅的。

在结束这篇发言之前，我想简短地提出另一个问题，一个同样与今天的论题有关但是我更加关心的问题。如前所述，法律人、法律职业、法律共同体这一类说法和概念体现了现代社会的法治理念，然而，这里所说的职业共同体赖以为生的和作为社会秩序基础的"法"究竟是什么呢？我相信，在主流思想那里，这纯是一个多余的问题。法律即是国家制定、颁布、认可和一体适用的强制性规范。法律当然是国家法，难道法律还可能是别的什么？毫无疑问，中国的法治论者们在谈到法治、法治国、依法治国、法律共同体时，心中都存有这样一种单一模式，尽管他们各自的模式可能不尽相同。问题是,我们今天所谈论的中国是一个基于历史、文化、政治、经济等诸多因素而具有巨大差异的社会,一个在迅速变迁中发展很不平衡的社会,一个在语言、习俗、族群、宗教以及社会组织、社会规范和社会权威等许多方面相当多元的社会。在这样一个社会里,国家法扮演着不可取代的重要作用,这一点没有疑问。但是同样清楚的是,无论过去、现在还是将来,国家法在整个社会秩序的建构和维系过程中作用有限,只着眼于国家法既无法了解和说明复杂的社会现实,也难以有效和令人满意地解决社会问题。因此,与比较和借鉴域外经验同样重要的,是以一种更加开放的心态去深入仔细地了解我们的社会,看在这样一个特定社会里,究竟存在着什么样的问题,为了解决这些问题,需要什么样的人或者职业,根据什么样的原则,使用什么样的技巧和方法,做怎样的努力。只有这样,我们才可能一步一步地获得对于解决中国社会问题切实有用的知识,建构和发展一种切合中国实际的法律理论。

名誉权诉讼的中国特点以及司法的应对之道[*]

谢谢会议主持人给我这样一个机会,关于这个案子,我已经写过一篇详细的分析文章,我的意见就不在这里重复了。我今天要讲的是一个更具一般性的问题,就是所谓名誉侵权诉讼的难题,换句话说,我打算从"疑难案件"的角度来讨论名誉侵权诉讼。所以,我不谈偶然性的因素,也不考虑法官的个人素质,我们假设法官是称职的,没有受到各种各样不应该受到的影响,假设他们面对法律上的诉讼,能够正常地履行自己的职责。在这种情况下,我们要考虑名誉侵权诉讼的难题,看它难在哪里,这对我们了解这类案件所具有的挑战性,发现解决问题的办法,是很有帮助的。

首先我们可以考虑一下名誉侵权诉讼的"中国

---

* 本文系笔者 2006 年前后在一次由中国社会科学院法学研究所组织的有关"宣科名誉权诉讼"案的学术研讨会上的发言。本文标题系收入本书时所拟。笔者关于该案更详尽的分析,见拙文《名誉权与言论自由:宣科案中的是非与轻重》。该文原载《中国法学》2006 年第 2 期,后收入拙著《法律何为》,广西师范大学出版社 2013 年版。

特点"。

第一个特点就是名誉权诉讼的广泛性。在我们的印象里,过去20多年来我们社会中的名誉权诉讼非常之多,成为各种报章上面经常出现的一个话题。不但名人动不动就提出名誉侵权诉讼,大公司也动辄提出这种诉讼,而且普通人也常常提出名誉侵权诉讼,甚至官员和国家机关也会提出这种诉讼。总之,名誉侵权诉讼涉及面非常广。从这里面我们可以看到,我们的法律对名誉权的价值给了非常广泛和明确的认可,对名誉权的保护也有相当的重视。

第二个特点是名誉权诉讼的私法化。我讲的私法化有这样几种含义:第一,名誉权诉讼都被看成民事诉讼,它的根据是在民法上面。这种诉讼发生在公民之间,不涉及公民和国家之间的关系,不像在其他司法体系当中可能涉及或者转化为公法问题。第二,在名誉权诉讼中,无论是抗辩还是引用的法律,言论自由或者说言论权这一个方面都相当弱,我们可以说言论权是缺席的,因为名誉权诉讼被限制在民法的范围里,宪法上的言论自由在这里没有展开的空间。当然,这种局面的形成是因为中国特定的政治体制背景所致,这个问题我们暂时不去深究。

值得注意的是,逻辑上来说,在名誉侵权诉讼当中,言论权的问题或者公法的问题又是没有办法回避的。为什么这样讲？因为如果没有言论权的问题，实际上就不会有名誉权诉讼。如果我们不享有言论自由，就不需要对自己言论或者表达负责任，这时候怎么会有名誉侵权问题呢？不会有。所以实际上我们可以把名誉侵权看成是行使言论自由的一个附带的结果，或者说是一个负面的结果。

正是因为这一点，对名誉侵权案件的处理就变得非常微妙。一方面，在私法化的名誉权诉讼当中，公法"缺席"了，言论自由的问题即使被提到，也无法展开，更不用说被充分地讨论和深入地阐述了（我是指法庭上，不是讲学者的纯理论探讨）。另外一方面，之所以会有名誉侵权案件，首先是因为人们享有言论权，哪怕是不够充分的言论权。这种微妙状态是中国的名誉侵权诉讼的另一个特点。

第四个特点直接从上面引申出来，就是法官享有非常广泛的自由裁量权。比如这个案件当中，法官不能不承认说公民有权进行学术讨论、学术批评，媒体有舆论监督的权利，但他们并没有特别提到言论自由的范畴，对言论自由的含义、言论权的价值及法律依据等也没有做正面的阐述。这些重要问题都被一带而过，或者被掩盖在诸如"双百方针"一类含混的表达下面。相反，公民名誉权在民法上的含义、构成要件和法律根据等等都得到了非常正面的阐述。所以，这种案子一开始就表现出一种扭曲的状况。而在这种扭曲的状况下面，对一个行为或者言论是不是构成名誉侵权的判定，法官就享有宽泛得不恰当的甚至是失衡的自由裁量权。

如果说这就是名誉侵权诉讼的所谓"中国特点"的话，我们就可以发现中国面临的问题是什么。我把中国的问题归结为一句话，那就是，在没有违宪审查和宪法诉讼的制度背景下面，如何在私法的诉讼当中平衡名誉权和言论权这两种权利，以及协调这两种权利背后所代表的两种社会价值和社会利益。这就是中国的问题。这和比如说美国的问题很不一样，美国法上的言论自由条款，也就是宪法第一修正案，主要处理的是公民和国家的关系，完全是一个公法问题。这方面的经典案例，比如大家经常讲的《纽约时报》公司诉沙利文案，就是如此。这和中国的情形确实有些脱节，所以我们不能简单地照搬美国的经验。但这也并不意味着我们不能考虑和谈论言论权。上面已经说了，名誉侵权诉讼虽然被私法化了，但法官实际上无法回避言论权的问题，否则就会出现上面提到的不合理的扭曲状况。要解决这个问题，我觉得可以考虑下面几个步骤，这是非常一般性的、原则性的步骤。

第一步，法官必须在界定名誉权的同时，也正面地阐述言论权的含义、依据和重要性。当然这个所谓正面阐述可以采用各种不同形式，但不管怎么样，法官不可以仅仅根据一方言论中是否含有使另一方的名誉受到贬损的字句来判断有没有侵权，这样做等于完全不考虑言论权的根据、含义和重要性，会导致一种极不正常的状况。

第二个步骤，就是法官在处理名誉权诉讼的时候，心里一定要有基本法，在我们这里也就是宪法。我们必须承认宪法以及通过宪法确定的基本权利是有约束力的。法官必须有某种法律秩序的整体观念，不能完全就个案论个案，否则一定会出江平老师刚才说的那种问题，即不同的法官甚至同一个法官处理类似案件，也会得出不同结论。当然，考虑法律系统的统一性有很多方式，不一定采取直接的方式。像一个河南的法官，她公开拒绝采用某一地方性法规，因为它同上位法不符。结果她连自己的饭碗都丢掉了。其实，如果不用这种方法，还是可以判这个案子的。

第三个步骤，也是非常重要的一个步骤，就是法官要在具体的情景当中，去评估不同的权利、价值、利益之间的冲突，富有技巧地去平衡它们。这是真正的挑战，因为法律的推理要经得起推敲，法官对法律要有非常细致甚至是创造性的适用，去协调不同的价值和利益。名誉权案件中这一类的利益冲突非常多。最近一个很轰动的案件就是奥美定事件，大家可能都知道这个案件。奥美定是注射隆胸用的一种材料，在被使用的过程中，这种材料对一些接受治疗或者手术的人造成了巨大的痛苦。后来有患者投诉，在网上发布一些批评性的言论，业内也有专家对这种美容方法提出疑问，结果他们都被使用这种材料的公司、医院以名誉侵权之名告上法庭，而且官司居然都打赢了。本来，奥美定的性能是有争议的，但是因为企业有药监局的一纸批文，它就拿着这个打遍天下。现在，国家药监局撤销了对奥美定的批文，这个案子就一下子颠倒过来了。但我们回过头来看，如果法院对名誉侵权的判定没有那么机械，如果法律给各种批评性的言论一个更大的空间，实际上可以起到非常好的平衡社会利益的作用。换句话说，在损害被扩大之前，给另外一种声音、另外一种利益多一点表达的机会，就不会有更多的人成为新的受害者。这些年有不少上市公司诉媒体侵犯其名誉权的案件，就因为这些媒体发表了对他们不利的文章，结果多半是公司胜诉。总之，中国的名誉侵权诉讼常常是强者手中的工具，这个强者可以是一个大公司，可以是宣科这样的地方名流，也可以是其他强势者。法律站在强者的一面压制弱者，不让他们出声，这样的法律出了很大的问题，这样的社会非常可怕。

上面提到的几个步骤非常简单和抽象，具体适用当中,法官要应对很多具有挑战性的问题,他要对案件进行法理的思考,对概念做细致的界定,对原则进行深入思考,对行为做很细致的划分,对语词做很认真的分析,比如说什么叫言论,言论自由的含义是什么,言论自由的界线在什么地方,什么叫作见解,什么叫作事实,什么叫作社会利益,什么叫作不实或者失实。所有这些问题,都要做非常细致的划分,这样才可能有创造性地回应这种问题。

最后,我想顺便讲一下个案研究的意义。过去,我们的法学教育和法学研究在讨论现实法律问题时常有两种倾向,或者是空谈理论比较多,特别是讲外国理论,不管这个理论和中国社会的关系到底怎么样;或者是重适用性、技术性,就事论事,缺少一种中间层的分析。我说的这种中间层的分析应当有理论关切和视角,但又不脱离实际个案。它不是就事论事,而是注意寻找个案的内在理路,从这个理路拓展开来,然后看有什么样的资源,不管是外国的,还是中国的,把有用的资源融合进去,来寻找能够应对挑战性案件的解决办法。我觉得今天的讨论就是在做这样的努力。我们希望有一种结合中国实际的、能够为人们提供一种思想工具的案例分析,这种分析是我们司法专业化很重要的一个环节,因为只有把法学研究和教育方面的资源同法律实务方面包括律师的、法官的努力和尝试结合在一起,才有可能真正提高司法专业化。

百年风潮，再说"新民"*

我不是中国近代思想史方面的专家，对梁启超先生的《新民说》也没有专门研究，所以，我不认为我有资格站在这个讲坛上。不过，我必须说，无论是不是了解梁启超先生和他的"新民说"，台上台下的每一个人都可以说跟今天讨论的题目有关。因为在过去的一百年里，中国不光有一个"新民"学说，而且有"新民"运动，今天在场的各位，无论男女、长幼，都有一个共同点，那就是我们都生活在一个"新民"的时代里面，我们或者"被新民"，或者，因为我们的职业、我们的志向，可能也试图对他人去"新民"，去"作新民"。而我们今天在这里讨论"新民"这个话题，说明"新民"仍然是这个时代的问题。因此，我们应该回过头来仔细检视一下这个概念、这个学说、这个理论、这个实践——它对于我们到底意味着什么？下

---

　　* 本文系笔者在首期新民说沙龙"新民，一个未竟的使命"上的发言。该项活动由广西师范大学出版社等机构主办，于2013年1月9日在北京大学百周年纪念讲堂举行。本文标题系编辑本书时所拟。

面谈一点我的体会。

当年梁启超先生写《新民说》的时候，他把"新民"说成是"今日中国之第一急务"，应该说，这种说法表达了当时知识精英的一个共识。即使是制度层面的建设，比如像法律的移植，在他们看来，也都包含了"作新民"这样一个目标。建设新国家，构造新文明，都需要"新民"来实现和支撑。这是一个划时代的主题。"五四"的时候，这个主题进一步深化了，我们熟悉的所谓国民性改造、文化的革命等等，都源于那个时代。

梁启超先生讲的新民包含三项内容：民德、民智、民力，其中最核心的是所谓"民德"。那么，当时民德的状况是怎样的呢？梁启超先生做了一个中国历史上的民德升降图表，从春秋、战国一直到他写作时的年代，民德升降曲线一目了然。春秋不低，东汉最高，以后或升或降，到他那个年代，民德在中国历史上处于最低的位置。当时民德的状况，用他的话说，叫作"恶浊达于极点，诸恶俱备"。看到梁启超先生所谓"今日之中国"的状况，我们自然会联想到我们所在的今日之中国。在《新民说》发表110年以后的中国，民德的状况如何？中国新民的状况又是如何？我想，对于今日之中国，我们依然可以套用梁启超先生当年的话来做评判："恶浊达于极点，诸恶俱备。"当然，如果就两个时代作严肃的比较，需要考虑各种复杂的变量,要对诸多因素进行排比和分析,不是一两句话就可以作出定论。但是,根据我们的日常经验和直觉来做判断,确实很容易得出上面那样的结论。

我们看一下今天的中国,不德行为泛滥,信用缺乏,信任度极低。我们生活在一个没有安全感的国度里,到处都潜藏危险,因为这里的任何东西,无论产品还是服务,都可能致人伤害,甚至致命,而伤害的对象,可以是老人,也可以是孩子,可以是任何人。在这样的环境里,资源被大量耗费,空气和水受到严重污染,公平和正义就像清洁的水和空气一样成为稀缺物。自然,跟任公当年的中国相比,今天的中国有一个极大的改变,那就是,今天的中国开始在物质上富裕了。中国人、“中国制造”,现在还有中国的资本,潮水般涌到世界各地,我们不但到国外去工作、定居和游玩,还去砍伐别国的树木,开采别国的矿藏,杀戮别国的动物。结果,在世界许多地方,中国人都成了不受欢迎的人。昨天,我在一个会上得知,中国的皮草市场现在是全世界最大的市场,也是皮草加工规模最大的市场,同时也是皮草消费增长最快的市场,占到全世界的70%以上。我提到这件事是因为,在今天的社会条件下,对于皮草的需求,与人的基本需求无关,它反映的不过是人类的骄奢和虚荣,以及一种扭曲变态的审美心理。正在富裕起来的中国人,对野味的需求也大幅增加。我们从世界各地进口和走私野生动物及野生动物制品,我们每年成吨地捕杀飞临这里的候鸟,大量猎杀和食用各类野生动物,我们还有一个"新兴产业"——世界上最大的活熊取胆产业。更令人惊异的是,我们这里有人公开为包括活熊取胆在内的各种残酷对待动物的行为辩护,那些人里面除了唯利是图的商人,也不乏教授、专家、政府官员。要了解今日中国的民德,测度当下中国人的文明程度,就看他们如何对待自然,如何对待动物,不管是野生动物还是被圈养和驯化的动物。人和动物的关系,就是民德的一面镜子。

当年,任公先生曾经担心,若不赶紧"斟酌古今中外,发明一种新道德者而提倡之,吾恐今后智育愈盛,则德育愈衰,泰西物质文明尽输入中国,而四万万人且相率而为禽兽也"。这段话,今天读来仍然振聋发聩。因为现在的问题是,若再不能提升民德,那就不是四万万人,而是十三万万人"且相率而为禽兽也"。

今日中国之民德如此,下面要问的问题就是,为什么会这样,这种状况是如何形成的?这个话题太大,我在这里只想循着一条线索来做些梳理,那就是国家主义的兴起。在我看来,要说明这个问题,国家主义的议题有很高的相关度。当年梁任公和他那一代知识分子,都把建立近代的民族国家视为解决中国内忧外患、民族危亡的第一急务。而要建立民族国家,就须要把旧的"臣民"转变成新的"国民",这也就是"作新民"的意思。在《新民说》里面,梁任公特别强调"公德"的重要性,而且专门有一节"论国家思想",排在"公德"的第一位,可见国家建构问题在他心目中的分量。当时力倡和推动国家主义的另一位风云人物杨度,还用国家主义来说明新刑法的性质,并且用它来为新法辩护。他说,中国的旧律是家族主义的,新刑法则是国家主义的。国家主义和家族主义分属两个时代,二者不能两立。在他看来,家族主义之下的孝子贤孙,固然是旧道德的楷模,却个个都是贪官污吏,因为他们只知有家,不知有国。国家主义的目标,就是要改变这种状况,不但让民众知道家族之外还有国家,而且要把他们效忠的对象从过去的家族、宗族、乡里转移到国家身上,用他的话说就是,"必使国民直接于国家"。回顾过去这一百年,我们看到,经历了一系列社会革命、政治革命,血和火的洗礼之后,这个目标完完全全地实现了,但未必是以梁启超和杨度那一代知识人所想象的方式。在"文化大革命"期间,国家主义有了一种最极端的表现方式:政治领域以外的社会消失了,只剩下国家和个人,这些分散的和赤裸裸的编户齐民,直接向国家效忠。

个人和国家之间的所有中间环节,不管是业缘、地缘还是血缘的组织,都被破坏殆尽。甚至个人的情感,无论友情、亲情还是爱情,也都必须让位给阶级感情、对党的感情、对伟大领袖的感情。当时样板戏里的男女主角,一概都没有家庭背景,他们的情感表达,文艺批评者称之为"国家主义情欲的展演",这种情欲所针对的不是有血有肉的人,而是党、组织和领袖。国家主义发展到这种程度就登峰造极了。

当然,"文革"后三十年,国家主义这种极端形态没有了,但是总的来说,国家主义依然强大。比如,社会生活中许多重要领域仍然由国家直接控制,所有社会组织,如果不是在国家直接控制下,都是被怀疑的,受到各种各样的限制和抑制。简单地说,今天的中国,社会依然弱小,只有国家"强大"。这个强大是打引号的,因为在社会孱弱的情况下,国家能强大吗?

这里要提示大家注意的是,与过去一百年国家主义运动并行的,还有一个不断造就新民的过程。我们一定不要忽略这一点。可以说,"五四"以后,"新民"是经久不衰的主旋律。我们熟知的培养社会主义新人、共产主义接班人,学习雷锋好榜样,"文革"期间的各种思想改造,批评和自我批评,"狠斗私字一闪念",以及"文革"后的各种思想教育运动,都是"新民"运动的一部分。应该说,"新民"的努力从来没有停止过,而且这个过程是和前面说的国家主义的发展相辅相成的。具有讽刺意味的是,"新民"要树立的公德没有确立,而在国家主义狂潮激荡之下,私德也荡然无存。这时,社会面临解体的危险。要知道没有私德支撑的社会有多可怕,看看广州的一个"小悦悦事件"就清楚了。面对生命危殆的孩子,所有路人都是冷漠的,最后是谁伸出援手?一个老太太。这个老太太是"新民"吗?大概不是。她只是一个普通人,有朴素的道德情感,私德未泯。梁启超先生当年讲"新民",首重公德。但是经历一个世纪的"新民"之后,我们的社会却是公德不立,私德荡然,教训何其惨痛,需要我们深刻反省,牢牢记取。

梁启超先生认为,在私德方面,中国传统有非常丰富的资源,但在公德方面,固有传统的贡献可能只有十之一二。所以他认为,"新民"的核心,就是要建立和强固公德,如自由、平等、权利思想、自治、自尊、政治能力等等。那么,建立公德,"私德"能够扮演什么角色?公德和私德之间到底是什么关系呢?《新民说》倒数第三篇标题是《论私德》。在这篇较晚写成的文章里,任公详细讨论了私德和公德的关系,而且对自己之前的看法和主张有所反省。我在前面引过任公的一段话,他在那里主张要"斟酌古今中外,发明一种新道德者而提倡之",而在《论私德》里，他对"发明一种新道德者而提倡之"这一具有理性主义、建构主义特点的说法显然有所保留，认为"此直理想之言"。他问，今日我们能够依靠来维持这个社会于一线的东西是什么呢？回答是："吾祖宗遗传固有之旧道德而已。"这并不是要放弃公德的建设，而是要把公德建立在私德的基础上。因为，公德不过是"私德之推也"。二者之间并没有截然两立的分界。"养成私德，而德育之事思过半焉矣。"基于这种认识，他反对当时流行的"动曰一切破坏"的立场和主张。刚才杨念群教授讲到陈独秀，认为陈独秀也继承了新民思想。不错，但是陈独秀和梁启超有一个极大的区别。从社会角色上看，陈是共产党的创始人之一，同时也是五四运动的精神领袖，而梁启超不是。这不是偶然的。陈独秀讲"新民"，所持的立场正是梁启超反对的"动曰一切破坏"。陈独秀认为，社会宇宙间的法则有两种，一种是理性的、科学的、进步的、新的，还有一种是传统的、遗传的、旧的、落后的。他认为中国要建立新道德、新社会、新国家、新人、未来的美丽新世界，就要破坏和埋葬所有的旧事物。中国后来的革命、制度变革就是循着这种思路走下来的，结果就造成今天这样的状况。

要改变这种状况，我想，我们需要重新回到"私德"。但是私德在哪儿呢？私德在社会里，在传统中，在每一个人的心里。梁启超先生还有一句话非常重要,他说"新民云者,非新者一人,而新之者又一人也,则在吾民之各自新而已"。换句话说,所谓新民,不是我让你变成一个新民,不是精英对民众或后进、落后者的改造。"自新之谓也,新民之谓也",新民就是自新。刚才几位发言人都讲到梁启超的道德人格。他为别人作出表率,展示了自新之道,而不是用强制手段去造就新民。对于自新的概念,我想还应当推而广之,引而申之,从个人推及社会。其实,自新之道,包含社会自我学习和更新之义,借助于国家的、行政的、政治权力的、大包大揽的、一刀切的手段造就新民,往往适得其反。所以,尊重社会、尊重个人、尊重传统,是"新民"的不二法门,我们今天回顾这段历史的时候,一定要牢记这一点。

最后我想补充一点。上面关于新民、民德所做的判断,是就大势而言的。但我们略微仔细观察一下今天的中国,这个图景可能显得更复杂一点。我只想提出其中一个值得注意的地方。之前的报告者有讲到法律在新民过程中扮演的角色。从历史上看,清末推动法律移植的知识分子如杨度,就把法律看成是造就新民的制度建设,在他们看来,新的法律是一个制度架构,有助于把家长制下的臣民变成自尊、自立的国民。在这个意义上,法律,尤其是宪法,可以被看作新民成长于其中并得以自新的制度框架。如果拿这个标准来看，尽管代价高昂，中国的新民其实已经成长起来了。我们看到，在很多地方，正是草根阶层的民众，拿着劳动合同法，拿着宪法，拿着各种相关的法律，在跟基层的政府官员讲理、讲法，给他们普法。不仅如此，改革恶法、执行善法、制定良法，最大的动力也往往来自民间，来自民，而不是来自相关政府部门。中国人并非没有自新的能力。有人喜欢把中国民主制度不发达归因于中国人的素质，这完全是似是而非。一个阻碍而不是促进民主实践的国家，怎么会有民主的繁荣呢？实际情况是，我们需要的新民已经有了，现在更需要的是新政。政府官员应该成为新民，政治体制应该更新。在很多方面，这些已经落在"新民"之后了。

【评论与答问】

各位之前的发言，让我有些感想。秋风语出惊人，有意要挑战一些既成的东西，我可以理解这样的策略。其实，采取极端立场的不只是秋风。另外一些立场也很极端。比如，因为看到"人民"这个概念一再被滥用，就认为这个概念根本没有意义。但我们知道，没有"人民"这样一个基本概念，现代政治理论就无从建构。"人民"的概念被滥用，不等于它完全没有价值。在指出这一点之后我还要说,尽管对这类具体表达有所保留,我仍然觉得这些讨论很有意义,因为,它们让我们对讨论的既定前提提出问题。刚才有听众问说:"中国的国民素质不高,我研究这个问题可以从哪些地方入手?"我觉得,应该从哪里入手的问题可以先放下,首先要问你的问题从何而来。就像我们今天要问新民的问题从何而来一样。刚才的讨论里面也有这样的问题。比如,因为鲁迅写了阿Q,写了孔乙己,有人就说,当时的中国人就是如此。其实,在谈论那段历史的时候,鲁迅的作品不应该是讨论的前提,而应该是讨论的对象。我们不应该说,你看,鲁迅就是这样写的,当时中国人的精神状态就是如此;而应该问,鲁迅为什么会写出阿Q和孔乙己这样的形象?这些形象是如何被建构出来的?鲁迅的思想又是如何被形塑成这样的?只有这样去问,我们才真正开始思想。

问:梁治平老师刚才讲到知识文人,咱们当今知识文人在哪些方面存在美中不足的地方,需要自我批判、自我改进,从而引领我们完成新民未竟的使命?

答:"知识文人如何引领我们完成新民未竟的使命?"这个问题假定,"知识文人"负有新民的使命。但我们要问:"知识文人"怎么就负有如此重大崇高的使命?因为他们是知识阶层吗?但为什么有知识就具有新民的资格？梁启超当年就指出，无论直觉主义、快乐主义、进化主义、功利主义、自由主义，也无论理化、工程、法律、生计之学，都属于"智"的范畴，与"德"无关。"而名德育而实智育者，益且为德育之障也，"他还说，"以'智育的德育'障德育，而天下将并病德育。"所以你先要弄清楚，你说的"知识文人"究竟是一些什么样的人，他们能够提供的，是智育，还是德育，或者只是"智育的德育"？

我多年前写过一篇文章，叫《为人师表》，里面引了几个人的事迹，一则是夏丏尊记他的中学同事李叔同，一则是徐复观记他师范学校的校长刘凤章，还有一个是梁实秋记其启蒙业师周士棻。这三位都是旧时的读书人，而且都是老师，最可注意的是，这三人都有方正谨严的人格，严于律己，一丝不苟。梁启超拈出作为基本德目的三项：正本、慎独、谨小，在他们身上都可以见到。这样的人，在我们这个时代，恐怕已经不是可遇而不可求，而是根本绝迹了。传统的学、学问、学者，这些概念都是以道德实践为核心的，李、刘、周这些人身上还有这种传统的印记，而今天的知识分子和文人已经与这种传统没什么关系了。又由于其他一些原因，他们，或者说我们，今天连像样的智育也难提供，遑论新民。所以，对你所谓"知识文人"不要抱过高的期盼。我们要做的，首先是自新，学习平平正正地做人，面对学生、面对知识、面对自己，都要诚实，守职业道德，临事以敬，用人格去担当知识，而不要自高位置，待人以严。我们能做到这一点，就能自新，能自新，才有可能"新民"。

晚清法律改革中的普遍主义与特殊主义之争[*]

这是一段清末法律改革的历史。先简单交代一下背景。

清末法律改革，也是中国历史上的现代法律运动，正式开始于 1902 年。光绪二十七年（1901 年），两江总督刘坤一、湖广总督张之洞联名上奏"变法"，即著名的《江楚会奏变法三折》。我们知道，在此之前已经有过很多次变法：鸦片战争以后有洋务运动；甲午战争之后有戊戌维新；维新失败后有庚子事变、八国联军，这之后就有 1902 年开始的大规模的政治和法律变革。实际上，"变法"是层层深入的，从器物之变到制度之变，最后，观念上的冲突就在所难免。

光绪二十八年（1902 年）四月初六日上谕，这是一个

---

　　* 同一题目曾在几个不同场合报告，此文根据 2010 年 11 月 6 日在武汉大学召开的"中国现代思想中的'启蒙反思'论说"学术研讨会上的发言录音稿整理而成。本文原刊于胡治洪编：《现代思想衡虑下的启蒙理念》，武汉大学出版社 2011 年版。关于本文主题更深入的研究，参见拙著《礼教与法律：法律移植时代的文化冲突》，广西师范大学出版社 2015 年版。

著名的上谕,指派沈家本和伍廷芳为修律大臣,主持修律,以便让大清朝的法律制度能够同当时列强的法律"接轨"。沈是土生土长的法律人,时任刑部侍郎,很博学,也很开明,是中国近代法律史上一个承前启后的人物,后来以他为首的这一派也被认为是法律改革中的西化派,也叫法理派、沈派。伍廷芳,香港律师,曾在英国修习法律,为获得英国律师资格的第一个中国人。沈家本主持制定了不少新法,奠定了中国近代法律移植的基础。不过,他所从事的工作也富有争议。他主持制定的法律里面,争议最大的一部就是《大清新刑律》。反对的一派最初是以张之洞为首,他之后的中坚人物则是劳乃宣,劳当时的身份是宪政编查馆咨议官和资政院议员。这一派还有包括许多地方督抚在内的高官,他们是所谓国情派、礼教派。这两派之间有非常激烈的意见冲突。

在座的各位以前对中国法律史可能接触不多,要了解当时的争论,可能需要简单回顾一下中国法律传统。

有一种流行的说法,说中国历史上只有刑法。将这种现代分类法用在古代并不确当。简单地说,中国古代的刑律是礼教与刑罚的结合,管理着社会生活的诸多领域。历史上有所谓法律的儒家化,援礼入法,援礼入律,就是把儒家的很多价值放到法律当中去,形成所谓"出礼则入刑""礼之所去,刑之所取"的局面。比如孝道就是法律要维护的一项重要价值,有各种各样的规定,比如规定父母在,不远游,不得别籍异财;居父母丧,不得嫁娶,官吏须离职回家丁忧;直系亲属犯罪可以互相包庇隐瞒,父母犯罪子女不可提告或者出庭作证;等等。还有,尊亲属被害而家人与人私和,有罪,若收受财物就更严重了。反过来,因为父母亲被杀子女找人寻仇甚而将仇人杀死,虽然通常法律有禁,但是社会舆论会支持复仇者,给他们荣誉,因为按儒家的说法,"父之仇,不共戴天",复仇在道德上是有正当性的。在这种情况下,法律往往会网开一面,减轻甚至免除对复仇者的刑责。这种情况一直到民国都有。

中国古代法律的这个传统在唐律里面就有完美的表现,著名的唐《永徽律》,据《四库全书提要》的说法,"一准乎礼",就是这样一部法律。而且当时,唐律在整个东亚地区影响广泛,国际化程度很高,在当时的世界里可以说是普适性的。后来的明律、清律在法典编排结构上有调整,但是"德主刑辅""刑以弼教"的根本原则没有改变。我们看明律、清律,律典最前面都列有表明亲属关系的服制图。因为儒家最讲亲疏远近、高下尊卑的关系,所以服制图就成为整个法律的基础,所有的过犯与侵害,包括现在所谓民事纠纷,都要根据双方在实际或虚拟的血缘关系中的位置来量定责任。这些东西就构成了中国法律传统的一大特点。换句话说,古人所谓"以孝治天下""礼教治国""四维不张,国之不存"等等,在法律制度上是有非常完满的表现的。

这个法律传统在清末遇到极大挑战。当时,西学东渐,各种西方现代理念、社会思潮都涌入中国,现代法律理念也一起进来。制度上的冲击更加直接。西方在华各国以清朝法律不够文明——如规定有各种酷刑,缺少合理程序等——为由,拒绝中方的法律管辖,于是设立了领事裁判权制度,即牵涉到外国人的犯罪须由该国领事介入,按他们自己的法律来处置。在国际法上,领事裁判权被认为是对一个国家主权的侵犯。清廷法律改革的一个直接目标,就是希望借此能取消领事裁判权制度。

前面说到,争议最大的是《大清新刑律》。为什么会这样?当时的新修刑律有两部:一部叫作《大清现行刑律》,可以看作是旧的《大清律例》的改良版,它只是把外国人指责很多的一些酷刑和关涉奴婢制度的条款减轻或者取消,但法律的基本结构和原则不变,包括之前提到的很多儒家伦理思想也不变;另一部《大清新刑律》,却是另起炉灶,仿照西方法律分类和结构,不但打破了传统律典的结构,而且也改变了法律的基本原则。比如旧法以礼教为中心,新法却只重法理;旧法是家族主义的,新法则是国家主义和个人主义的;旧法讲等差,新法却是平等主义的。总之，中国法律两千年来遵奉的价值理念，在新的法律里面虽然不是荡然无存，但确实是所剩无几。所以，我们可以想见它会引起社会的激烈争论。

《大清新刑律》从最初的预备案，到光绪三十三年（1907年）第一个草案，再到宣统二年（1910年）匆忙颁布的最后文本，短短五六年时间，共有六个版本，其内容根据当时的论争有各种各样的妥协和修正。当时，制度变革在所难免，但什么应该变，什么不应该变，应该变的又如何变，这些都是争论的问题，而争论双方使用什么样的语汇、根据什么样的理据来述说，更是有趣的和值得关注的问题。

光绪三十三年（1907年），沈家本将新刑律草案上奏（顺便说一句，沈派的中坚有不少是留学日本的"海归"，在法律改革方面，东洋留学生的势力很盛，影响也大），立即引起大哗。张之洞首先发难，对新刑律大加抨击。草案发到在京各部和京外各省督抚，批评意见也很多。事隔100年，如果不做专门研究，我们可能会轻易觉得，当年要维护礼义廉耻的人都很可笑。比如一说到遗民，脑子里就会出现拖着辫子的形象，还讲诸如一个茶壶四个茶杯的事情为一妻多妾制辩护。（其实，把中国传统婚姻制度说成是一夫多妻，也是一种西方式的误读。中国实行的是一夫一妻多妾制，而不是一夫多妻制。古人对妻和妾有严格区分,这在法律、习俗和道德上都很重要。这是另一个话题了。)总之,批评者无非是一些抱残守缺、冥顽不化的守旧者。这是一个大大的误解,更是我们这个时代根深蒂固的偏见。实际情况是,批评者也都是改革者,甚至还是改革的先行者。比如张之洞,他就不但是晚清政治和法律改革的最大推动者,也是保举沈家本担任修律大臣最有力的推荐人。只不过,在关于改革的基本原则和具体步骤这些问题上,他有自己的一套看法罢了。我们看当时针对草案的各种批评,没有人简单地反对改革,更没有人简单地主张祖宗之法不可变。相反,这些批评都是学理性的,既有对原则问题的论辩,也有技术性的批评。这些批评表明,当时很多官员,或者至少他们的幕僚,对中国和西方的法律都相当了解。

因为当时对新刑律草案的批评、反对甚多,所以宣统元年(1909 年)的时候,皇帝又发布了一道上谕,里面讲,"刑法之源,本乎礼教","中国素重纲常,故于干名犯义之条,立法特为严重",最后说"凡我旧律义关伦常诸条,不可率行变革"。在这种情况下,沈家本又对草案作了修改,主要的更改是"于有关伦纪各条,恪遵谕旨,加重一等",即在原来规定的处分上加重一等。这个草案送到法部,法部尚书廷杰,也就是司法部部长,也以"名教,必宜永远奉行勿替"为口号,提出《附则五条》,然后再和沈联名提交于上。这一稿叫作《修正刑律草案》。《附则五条》的主要内容都是关于名教的,其中第二条规定,《大清律例》中十恶、亲属容隐、干名犯义、存留养亲、发冢、犯奸,以及亲属相奸、相盗、相殴各条均有关于伦纪礼教,未便蔑弃,中国人有犯以上各罪,应仍照旧律办法惩处。另外,有一些对于皇族的侵害,以及对尊亲属有犯应处死刑者,仍用斩刑。

关于上面提到的这些名词,我也稍微解释一下。所谓"十恶",就是放在《大清律例》首篇《名例律》中的十种不容宽宥的犯罪,俗话讲十恶不赦,根据就在这里。"十恶"多是涉及谋反叛逆这类危害朝廷的罪名,还有一部分主要涉及对尊亲属的犯罪。十恶的法律效果是,其一,处刑很严重;其二,在其他情况下能适用的减免条款一律无效,包括"亲属容隐"。孔子讲,"子为父隐,父为子隐,直在其中矣",法律上亲属容隐的范围比这更大。(这种法律距离我们实在是太遥远了。我们现在的法律不但不允许亲属容隐,而且还鼓励亲属之间相互告发。这样的变化不但巨大,而且真的是意味深长。)"存留养亲"就是,家里只有一个独生儿子,上面还有父母,子犯了死罪,可以援引这条规定不死,让他赡养父母。亲属相奸相盗相殴,跟普通人之间相奸相盗相殴,法律惩罚是不一样的。亲属间相奸相殴,处罚要比凡人加重;亲属间相盗,处罚要减轻。还有一条,子孙不能对尊长施行正当防卫。过去,不管父母出于什么原因管教子女,如果有殴打行为,子女自我防卫反伤到父母的,罪属十恶,可以被凌迟处死。现在新刑律说这种情况可以适用正当防卫,结果朝野哗然。附则里就规定不得适用。

《修正刑律草案》完成之后交到宪政编查馆审议。这是在原来五大臣出洋考察基础上建立的机构,由庆亲王奕劻领衔。审议的结果是把附则改成《暂行章程》五条,其他基本保留了原来的内容,然后送去资政院议决。

在这个过程中,两派争论依旧激烈。最后的争议主要集中在两条。一条是《暂行章程》中的"无夫奸"。按旧法,与有夫之妇通奸为犯罪,杖九十,如果女方尚未婚配,是为无夫奸,也是犯罪,只是处罚较前一种情况减轻一等,杖八十。这个规定源自唐律,沿用至明清。但按照新法,和奸无夫妇女不算犯罪。这就成了一个很大的问题。在批评者看来,新法如此规定,不但于礼教民情不符,而且有害于风俗,甚为不妥。另一条是《暂行章程》规定子孙对尊长侵害不能适用正当防卫,关于这一条的争论在于,是否要将其列入法典正文。最后表决的结果是,关于子孙对尊长不适用正当防卫这一条,劳乃宣等人要求移入正文的要求没有成功,而关于"和奸无夫妇女"是否应该定罪,劳乃宣这一派胜了。

刚才我说到,在这场争论当中,人们使用的语汇和运用的理据,也是非常有趣和值得关注的问题。从这类问题入手,我把当年的论辩重新加以梳理,归纳出以下几组。第一组可称为"人我之争",它涉及的问题是谁的改革,为谁改革,变法的基础或说正当性在哪里这样一些问题。刚才提到,开始的时候,法律改革的目标是要同各国律例改同一律,但是后来,这个立场有所改变,实际上就涉及主体基准的问题。比如在涉及"无夫奸"问题的争论中,沈家本、杨度、冈田朝太郎等都以外交为一个重点,他们都认为,如果把"无夫奸"作为一个罪名保留下来,西方各国不能接受,那么领事裁判权依然不能收回。沈家本还说,这一条是"最为外人着眼处"。劳乃宣则认为,这也是最为中国人着眼处,中国人制定自己的法律,为什么要以外国人为尺度,而不看中国的礼教民情呢?况且,修订新法的目的本来是要收回领事裁判权,统一适用法律,但是现在却规定要为中国人另辑单行法,新法好像是专为外国人制定的,这岂不是本末倒置? 在这种情况下,还谈什么收回领事裁判权? 他还说,收回领事裁判权的前提,是要法制昌盛,国家富强,而这取决于很多因素,并不是只要每一个法律条文都跟别人的一样就可以奏效,所谓强于内才能御于外。表面上看,这些争论涉及的是一些短期议题,特别是领事裁判权问题。但事实上,这也是中国面临现代性冲击时需要考虑的基本问题：中国应当如何回应现代性的挑战？什么样的回应是恰当的？中国人该走一条什么样的现代化之路？如何评估传统以及传统与现代性的关系？怎样经受挑战带来的巨变而不失自我，在成功克服危机的同时又能保留本国固有的基本价值？当然，所谓本国固有的基本价值本身也是问题。如何界定这些价值，能否证明这类价值的优越性，甚至是更要紧的问题。实际上，这些是处在同一历史阶段的所有非西方社会，当时也包括日本，共同面临的问题。这些问题今天依然存在，比如一些人主张"普适价值"，一些人主张"中国国情""中国特色"。在这些主张的后面，上面提到的这些问题是无法回避的。

另一组争论涉及法律和道德的区分，我称之为"道德主义与法律主义之争"。沈派不同意把"无夫奸"列入罪名，最简单的理据便是，这是一个道德问题，而非法律问题。当然，把礼教界定为道德而非法律，这样做是否恰当也是一个很重要的问题。我们知道，法律和道德的区分是西方近现代社会的一个基本界分，而这涉及整个社会制度的安排、人与社会的关系、法律的正当性等基本问题。中国当时面临的正是整个社会转型的问题，法律的分类也要有相应的变化。原来的《大清律例》《大明律》《唐律》，是有自己的统系的，这个统系不同于西方的知识体系和分类系统，很难作简单的转换。比如原来的经史子集，现在叫文史哲，看上去好像能够各归其位，其实是对传统知识、信仰的解构，是一种知识系统对另一种知识系统的征服。简言之，表面上看是换了标签，其实是变换了世界。在关于"无夫奸"的争论中套入道德与法律范畴，也具有同样的意味。

法理派称无夫奸是风化的事，不当由法律来管辖。也就是说，这问题应该在教育上着力，以社会舆论、道德养成、个人教育等来解决，而不应由法律介入。这种看法实际基于一个模糊的前设，即认为道德和法律是两件事，二者的界分有不证自明的正当性。反对的方面，劳乃宣等有这样的批驳：其一，法律和道德教化的截然二分于理无据。而把无夫奸归于道德的做法，不过是一味模仿外国，而置义理伦常于不顾。他提出，"天下刑律无不本于礼教"。这是一个很有意思的论述，它是相对化的，暗含着外国的法律也是本于他们的礼教。他还举例说，在中国社会，在室女或者寡妇跟人通奸，对家族的声誉是一种严重损害，当事人自己将来的婚配幸福都会大成问题。这样的事情法律不管，可能会引发严重的社会问题，家中父兄可能会去杀人，懦弱者可能为这种事情自杀，这就会破坏一个地方的治安，那就不能说和法律无关了。另外，从效用的角度看，法理派认为法律对于这类问题不起作用,只有道德风化才能解决。劳乃宣等则反驳说,那如杀人律,法律禁止杀人,杀人事件依然层出不穷,禁之无可禁,诛之不胜诛,推之极端,岂不是杀人之事也要交由道德风纪来管束?更接近的例子是赌博罪或抽大烟,它们也都被列入法律,但对这类行为,法律的作用都很有限,为什么不把它们看成是道德问题?还有,和奸有夫妇女被定为犯罪,但法律同样起不到禁止的作用。由此,认为道德和法律两不相涉的观点则不攻自破。还有一种论辩,由冈田朝太郎提出,这是一种历史性的论辩。他也承认西方在 16、17 世纪,对法律、道德、宗教也不太区分,直到 18 世纪以后,才分得清楚。换言之,法律与道德的界分,其标准是历史的、变化的。

很多教科书都讲,法律和道德都是社会规范,区别在于,法律背后有国家强制力,道德则没有。这种定义是外在的、形式的,按照这样的定义,任何道德命题都有可能成为法律的内容。除非我们证明,道德和法律的区分是基于事物的本性,具有内在的规定性,否则,二者的区分就变成一个历史文化问题。但这样就有一个问题,根据什么可以断言,这种法律与道德的区分适用于当时的中国社会?促使西方社会改变(从不分到分)的条件,当时的中国社会也已经具备了吗?如果还不具备,做这种改变的理据又在哪里?这种改变会不会如批评者所担心的那样,造成社会的混乱?当时就有人说,西方言论开放,教育发达,社会昌明,无夫奸不入罪没有问题,但中国情形不同,陡然变化,就要乱套。费孝通在20世纪40年代讲,在中国农村,新的法制没有建立起来,旧的东西却已经被破坏了,因此造成很多混乱,似乎是证明了这个问题。他举了个例子,在一个通奸的事件中,女方家人很气愤,把奸夫打伤了,但却被奸夫告到法院,法院判他们赔偿医药费等等,奸夫反倒逍遥法外,对此,乡民很不理解,自然也不会服判。这让我们想到前面劳乃宣所举的例子。

法律与道德的关系是一个重要而且复杂的问题。在20世纪50年代,英国有一个很大的有关法律与道德关系的争论,即德福林和哈特之间的论战,争论的主题是同性恋是不是应该出罪的问题。当然,这个争论的语境和中国当年的完全不同。清末的法律与道德之争,后面有文化的冲突,有社会转型时期必须面对和解决的一系列重大问题,包括一些迫在眉睫、生死攸关的政治挑战。而在英国,讨论的完全是稳定状态下一个社会内部的问题。在那里,法律和道德的界分是自由主义和保守主义之间的争论。我之所以提到这个事例,是想说这类问题并不是那个时候的中国所独有的,很多不伤害第三者的所谓犯罪,都面临一样的问题,这也确是在学理上非常有价值、值得思考的一个问题。只不过，在当时的情况下，这些问题被简单化、绝对化了。

另一个与现代性密切相关的争论是"家族主义与国家主义之争"。虽然中国很早就有国家形态，但国和家的关系非常密切，而家族主义，作为一种生活方式也好，一种社会价值建构的基础也好，都是非常重要的。但在新刑律当中，家族主义受到严峻挑战。新刑律在资政院讨论期间，杨度曾以政府专员身份在资政院就新刑律作说明，他说，新法和旧法之争的根本问题，其实就是家族主义与国家主义的对决。旧律是家族主义的，而新刑律则是国家主义的。据他的说法，中国过去是天子管官吏，官吏管家长，家长治家，但现代的国家是"必使国民直接于国家"，君主是一国的大家长，直接面对人民，若没有君主，则是国家与国民的关系，其间没有中介。中国之所以积弱，根本就是家族主义之故，所以国家主义不立，国家无以立。保守派对这一点也有反驳，劳乃宣就讲，春秋之时有很多义士都是舍己为国，为邦家，而后来为什么就没有了呢，因为秦以后实行专制，国民不能参政，国家与他没有关系。这样说来，症结不在于有家无家，而在于有无政治参与，所以，解决问题的办法，不是用国家主义取代家族主义，而是要把家修而明之，扩而大之，把它变成培养新国民的一个基础。后来孙中山的理路也是这样，由家扩充为国。回顾历史，当时这些争论其实都具有很强的现实意义，100年以后，国家主义大胜，家族主义一点也没有剩下，甚至社会也一度被国家吞没。即使是在实行改革三十多年之后的今天，国家主义依然是支配性的，社会组织则残缺不全，无由发达，更无以自立。历史走到这一步，中国人民付出了极其高昂的代价，而在今天，我们仍在为此付出可怕的代价。

还有一组争论，可以名为"自然主义与理性主义之争"，我觉得这也是和普遍主义问题有很大关系的。当日，劳乃宣问：法律何自生乎？他的回答是：法律生于政体，政体生于礼教，礼教生于风俗，风俗生于生计，生计有三：农桑，猎牧，工商。这基本上还是一个唯物主义、自然主义的解释：社会形态是从下往上走的，上面一层一层的建筑是取决于下面的更基本的东西，基础不同，礼教法律等自然不同，所以他们这派强调法律要合乎习惯而不是相反。对此，孟森有一个针锋相对的说法，他讲进化论：农桑进于工商，野蛮进于文明，贫弱进于富强，方法乃在于开发家族主义之法律，生国民主义之政体，由国民主义之政体生独立自由之礼教，独立自由之礼教生勇往进取之风俗，勇往进取之风俗生分析发达之生计，终致人人自立，国家富强。这两种说法，一个是自下而上，一个是自上而下；一个强调适应社会的自然秩序，一个主张以法律政令去移风易俗、改变社会,最后改变生计让国家富强。中国这100年的社会变迁,就是国家改造社会、精英改造民众这么一个自上而下的过程,所谓规划的社会变迁,也就是孟森当年所主张的路子。这种主张有没有道理呢?有,因为中国当时面临巨大的压力,改革不由得你从底下慢慢来,而不得不从上面就开始去做。就如杨庆堃先生所言汽车的例子:在西方,是汽车的发明在先,慢慢地再配套,发展公路,制定交通规则和相关法律条文,之后,交通行政组织、财政预算、社会规划再一项一项跟上来。中国的情形不同,这里是先读书,学习汽车原理,成立交通部,修筑公路,借钱开工厂,然后才有汽车。他的意思是说,中国的现代化,是教育、社会、政治改革在先,技术改变在后。改革的目标就是要建立技术基础。他称之为"技术滞后"特征。不过,这种路径也带来很多严重的问题,而有些问题并非不可避免。类似孟森那样的主张,实在是过于自信,过于武断,也过于简单,中国社会后来遭遇的许多人为的灾难,与这种态度不无关系。总之,这里面有太多的经验和教训,值得我们仔细总结和记取。

上面讲,自然主义与理性主义之争与"普遍主义"有关,这是我要讲的最后一组争论。自然主义包含多杂、特殊的东西,理性主义是整齐划一的,而且讲规律,进化规律也好,发展铁则也罢,总有一套理论,要不然怎么去规划社会呢。当年的争论后面有一套话语,今天去看非常有意思。保守派方面主要是相对化的说法,他们讲刑律本于礼教,法律要合乎习惯,即是说中国有中国的国情,所以他们也叫国情派。与之对立的是普遍主义的论述,当时改革派用得很多的词语,如"东西各国""进步""进化""发达",都意味着一种线性的进化观。当时,社会进化论已经被广泛接受。这些都表现为一种普遍主义话语。比如,冈田朝太郎就说,如今东西各国都已经将法律、道德、宗教区分清楚,在这样的情势下,中国还要把无夫奸之类列入法典,那岂不是要给"环球法学界"施以笑柄么。类似的说法还有"各国大同之原则"。有一个叫崔云松的说:"新律仿自世界各文明国之法律,所据之原理原则多源于近世科学应用之法理,而非各国遗传之事物,公例发明,推之人类社会而皆准,故为世界立法家所采用。"这两种论述之间的对立非常鲜明,它们之间的力量对比也是如此。正如利奥塔在《后现代状况》里所言,论辩话语一旦出现了这样的分立,可以说就是胜负立判了。如果一方代表的是普适价值、历史规律、人类社会发展的方向,那么另一方就一定是落后的、野蛮的、落伍的,注定要被淘汰的。

以上关于话语的分析,还有一个有意思的地方值得注意,那就是特殊主义里面也有理,这理也应该是普遍的,比如说"立法要合乎习惯",这是中外一理,所谓"天下刑律无不本于礼教",特殊性的主张也不得不诉诸某种普遍的道理。

如今,历史上的这场争论离我们已经很远了,我们现在已经很开放甚至太开放了。在台湾地区有关规定里,有配偶一方通奸依然是有罪的,对尊亲属的犯罪,处罚也要更严重;但在大陆,历史的痕迹几乎一点也没有了,不仅如此,在涉及亲属关系的刑事责任问题上,我们的法律甚至比"东西各国"的法律都更激进。不过,这一点也不表明我们的法律更"先进",社会更"文明"、更"进步"。其中的得失真的很值得我们深思。这也是我们需要仔细回顾历史的一个理由。实际上,尽管我们今天的生活好像距离晚清法律改革的时代已经很远,但那也只是表面现象。我们其实一直生活在历史当中,甚至那时人们提出的问题我们也不陌生。20世纪在中国大陆可以说是一个普遍主义胜利的历史,开始体现为全盘西化,然后变成了苏俄的普遍主义,即使提出马列主义要和中国的革命实践相结合,但后面还是一个放之四海而皆准的真理,正因为如此,我们才能够以解放全人类自我标榜。这就是普遍主义,中国共产党就是这个普遍主义的代表。但很有意思的是,到了改革开放以后,世界局势变化,我们又开始回到特殊主义的立场上来了,所以在新自由主义的"华盛顿共识"之外，我们开始讲中国经验、"北京共识"，大一点的还有"东亚价值"，好像历史走了一个圆圈。当然这是就话语而言，现实中，我们其实是生活在一个既定的体制下面，它有自己的逻辑。而这个体制的形成，跟100年前的那场争论，以及当时人的判断和取舍密切相关。当然，这是一个很复杂的过程，在这个过程中，也有很多偶然的东西加进来。但是不管怎样，这段历史的关联性不容忽视。有时我想，假若杨度或是孟森能活到20世纪50年代甚至今天，他们还会坚持自己当初的判断和主张吗？对于这些问题，我们无从了解，但我们确实是可以代他们去思考这些问题的。普遍主义与特殊主义或相对主义之争，是一个活生生的问题，我们从哲学上去厘清一些概念，跟我们的现实生活息息相关。

法律与信用[*]

距上次我回母校已经有 21 年了,这么多年之后重回母校,感触良多。过去这 20 多年恰好是中国发展最快的 20 多年。20 多年前我们在这里读书的时候,我们的学校与北大、清华以及上海、广州的一些学校可能还没有现在这么大的差距。经过 20 多年的改革开放和社会发展,这个差距拉大了。原因首先是地区经济的差异,这影响到学术和教育。一个好的教育发展政策应该是通过财政支持把这个差异加以平衡,但我们看到,国家的教育政策恰好相反。教育发展的不平衡不是被缩小了,而是被人为地扩大了。我认为这对教育的发展是非常不利的。我前几年到过西北的一些学校,那些地方都有严重的经费不足和人才流失问题。去年,《南方周末》曾经专门介绍西政,也讲到这个困窘的问题。但是,我们很多的老师、学

* 本文据笔者 2005 年 6 月 24 日在西南政法大学的同名讲座的录音整理。

生在这里坚守自己的位置，坚持他们对知识的追求，这使我非常感动和感慨。

现在我们就进入正题。"信用"是这几年大家谈论得非常多的一个话题。媒体、政府工作报告、社会发展规划，还有各式各样的出版物上，到处都在谈"信用"，而且有一些非常响亮的口号，诸如"打造信用城市""信用为本""信用竞争""信用社会"等等。总之，"信用"一下子变成非常热门的话题。人与人之间的信用，企业的信用，制度性的信用，政府的信用，这些问题都引起人们越来越多的关注。为什么会这样？"信用"这个问题到底包含什么意义？它和法律有什么关系？它和我们法律界同仁推崇的法治有什么关系？我想今天借这个机会，和大家一起来思考一下这些问题。

其实，"信用"不是一个新问题。尽管很多口号是新的，像"打造信用城市"，我们可能过去没有听说过，但问题还是老的。比如，前些年大家谈得特别多的是"三角债"问题。那是企业之间的问题，是经济领域的问题。这些问题现在还没有解决，但我们又被很多新的类似的问题弄得头痛不已。比如在日常生活里面，"信用"也成了严重的问题。我们经常看到各种各样的报道：农民买了种子拿回去种，作物长得很差或者根本不能生长；拿化肥回去，根本不起作用。我们自己提了菜篮子出门，到市场上,总有一种不放心的感觉。从发达国家来的朋友说,中国现在的生活很好,至少在大城市,跟发达国家比也相去不远了。但是有些方面还是差距很大,而且看来一时还改变不了。比如自然环境方面,空气,水,还有社会环境,像涉及衣食住行生老病死的各类服务,经常让人不满意甚至不放心。为什么不放心? 因为你碰到的任何东西,都可能是假的,而且不但是假的,还是有害的。比如食品,我相信每个人都有这方面的经验。我们餐桌上的食品,无论主食、副食,蔬果、肉类,还是酒水、果汁,都可能被添加了有害物质,为的是让它们产量更高,或者看上去更新鲜可爱。打开电视、翻开报纸,每天都有这方面的报道,让人不知道如何是好。这些都可以说是"信用"的问题。

"信用"还有别的方面,比如,中国是世界上外资直接投资最大的市场之一。这些年我们一直在讲,要创造一个好的投资环境。许多地方的政府也都承诺给投资者各种政策上的优惠,以便能招商引资。从法律的角度看,投资环境和法律的好坏有很大关系,跟法治建设的程度有很大关系。投资环境在很大程度上是政策环境、法律环境。如果政策和法律是明确的,含义清楚,而且不会马上改变,投资者就会放心地来投资。这也是信用的问题,而且在很大程度上是政府的信用问题。一个地方或者国家的政府,通过它的制度建设,营造一个稳定的环境,使一种期待——长期投资的期待或者长期利益的期待可以实现,这就是"信用"。另一个方面,随着经济发展,许多中国公司在国内和海外的资本市场上市。当一个公司变成公共公司之后,它就会面临着一系列法律上的要求,比如信息披露方面的要求,财务要有透明度,不能够作假。这些同样是信用问题。

总之,上面讨论的这些问题,不管是企业间的还是个人间的,日常生活里的还是国家制度上的,经济方面的还是法律方面的,都涉及"信用"问题。这些问题以不同方式从不同方面表现出来,而且随着中国经济的成长和社会发展,成为一个需要我们认真面对和解决的重大问题。那么到底什么是"信用"?其中最核心的东西是什么?它与其他社会现象如法律、道德等的关系如何?这些就是我想在今天和大家一起来讨论的问题。下面我想从这样几个方面来讨论这个问题。首先对"信用"及其相近的基本概念做一个简单的日常用语的分析,看我们在什么意义上来用这些词,这些词到底意味着什么。其次,我想讨论一下,由信用派生出来的一些基本概念在历史上怎样演变成制度,甚至成为法律。再次,我想讨论一下中国的传统,看看在中国的传统里面,信用这个概念,不管是作为一种道德观念还是一种制度,它的发展状况是怎么样的。最后，我想试着做几点观察，那个部分会进一步讨论信用与法律的关系，以及在更广泛的层面，道德与制度的关系，以及如何在中国当下社会环境中重建社会秩序，重建或者建设一个包含法律制度在内的信用社会。

从汉语构词上看，"信用"这个词的核心是"信"。和"信用"有关的用"信"这个字来构筑的词很多，它们涉及我们社会生活的许多不同但是重要的方面。"信"在根本上是关系性的。比如，"信念""信条""信仰"，这些词涉及的是人和抽象世界甚至超验世界之间的一种关系，也就是我们经常讲的宗教层面的问题。在社会关系方面，从"己"的方面出发来看外面的世界，有"信赖""信任""信从"的问题。而"信义""信誉""信用"这些说法，则是从"他"的方面看"己"得出的结论。一个人有没有"信誉"，是要别人来评价的，自己说了不算。不过一个人可以"信奉"和"信守"什么东西，这是人类行为中一个独特的范畴。这个范畴涉及伦理的世界，伦理的原则。"信"也有非人格化的、更制度化的表现方式。比如"信贷""信托"，还有（商业）"信用"，这些是商业制度、商业实践里面有关"信用"的概念。还有一个概念这几年大家说得比较多，叫作"公信力"。什么是"公信力"？简单说，公信力就是体现在"公权力"上的信用度。一个政府的行为，可以用公信力来评价。这里涉及的就不是商业的问题,而是政治和法律的问题。我们在这个层面上谈论的都是制度性的东西。

那么,"信"的精义是什么?如果我们把所有这些概念作为一个概念家族来看的话,它们虽然涉及非常不同的方面,甚至从表面上看是相距很远的方面,但却共享一些基本要素。这些基本要素可以看成是"信"的精义,那就是:真实、确定、可靠、诚实不欺。因为真实可靠,没有欺骗,不含虚假,所以可以被指望,可以被期待,可以被倚靠。所有涉及"信"的概念,从个人的信仰和行为,一直到商业、法律和政治的制度,都有这样的含义。总之我们看到,包含和体现了"信"的精义的"信"和"信用"的概念,一方面是一种个人道德,极端言之涉及个人安身立命的根基,另一方面也可以是一种政治和伦理原则,在中间则横贯了一系列的社会制度和实践。从这个意义上来说,"信"以及我们讨论的"信用"涉及人类社会秩序建构的基础。我认为这样说是一点都不过分的。在信仰方面,如果人们发现所信的东西不真,或者发现自己被欺骗了,可能会产生生命的危机。在商业制度、法律制度、政治制度方面,如果"信"缺失了的话,同样会产生很大的社会制度的危机。我们今天讨论的重点不是个人道德,更不是终极关怀这样的信仰层面的问题,而是制度性的信用,或者制度性的"信"。但是我想强调的是,我们之所以在进入这样一个中间层面之前做了一个铺垫的说明，是因为它们之间有密切的联系。尽管我们不打算过多地讨论个人道德层面上的"信"和"信用"，但是我们不能忘记，这两者之间是有密切关联的。

现在我们就来讨论一下"信"在制度层面上的表现形式。这种制度层面可能涉及伦理的层面、法律的层面、政治的层面，是研究法律的人所应该关注的问题。

2001年暑期，我结束了在哈佛大学法学院的访问回国，回来之前，我有一个愿望，就是想看一看美国法院对案件的审理。在那之前我参观过美国的一些法院，包括联邦最高法院，也包括州内最基层的法院，但我一直没有机会从头到尾观摩过一个案件。那次我很幸运，当时我的一个美国朋友在为美国联邦第一上诉法院的一位法官做法官助理，法院就在波士顿。我在他的安排下去旁听了一个案子。这个案子叫作 Mr. Itamar Lubetzky v. United States of America，就是 Lubetzky 先生诉美利坚合众国。这位 Lubetzky 先生为什么要诉美利坚合众国？具体案情是：Lubetzky 先生是一家公司的合伙人兼财务主管。按照美国联邦法律，企业中的个人所得税按季度由企业的财务部门代扣，代扣后的钱先放在这个公司的财务部门，然后上缴联邦税务部门。应该说，代扣之后的钱既不是个人的也不是企业的，它已经属于联邦政府。

这个关系在法律上是一个信托关系。那么 Lubetzky 先生的案子是如何发生的呢？不知道由于什么原因，可能是他没有按期把这笔款移交到联邦税务部门，或者是代扣的时候出了什么问题，联邦税务部门最后发给他一个通知，要求他个人补交一笔钱，大概是两千美元。而 Lubetzky 先生认为他没有什么责任，他认为自己很好地履行了职责，没有联邦税务部门指控的过失，不应该付这笔钱。所以他就起诉联邦税务部门。在美国起诉联邦税务部门，就是对联邦政府提出指控，所以应诉的是美国联邦财政部的两位律师。他们作为税务部门的法律代表出庭。有趣的是，经过核查他们发现，Lubetzky 先生所欠税款的数目不是两千美元，而是一万多美元，因此反过来要求他交更多的钱。这是一个有陪审团审理的案件，开庭持续了三天，最后 Lubetzky 先生败诉了。我观摩了整个过程，这是很难忘的经验。尤其是这三天我每天都有机会同那位做法官助理的朋友（还有他的另一位同事）一起吃午饭，我可以向他们提出许多问题，比如庭审中一些问题为什么那样处理？为什么法官要给陪审团这样的指示？等等。当然，位于波士顿港湾的美国联邦第一上诉法院是在一座非常漂亮的建筑里，这所建筑本身就很有参观游览的价值。这些都是题外话了。

这里我只想说，这个案子是一个所谓信托案件，而

"信托"（trust）是英国法上一个很重要的传统。单从字面上讲，衡平法（equity）并不是一种法律，实际上它早期也确实不是法律，法律指的是普通法。在 14 世纪的时候，英国出现了大量有关信托的案件。这类案件大多源于这样一种情况：一个人因故——比如要离家一段时间——把一块土地或一笔财产"信托"给另一个人，但是受托人没有按照信托人的要求和自己当时的承诺做事，结果就产生了纠纷；而这种纠纷，按照当时英国的普通法是没有办法解决的，因为在形式上，受托人的行为可以完全合乎普通法的规定，他所违反的只是对信托人的承诺，而这种承诺并没有普通法上的效力。这样就出现了法律与信义之间的冲突。这种冲突最后怎么解决呢？大家都知道，Chancellor，所谓大法官，在解决这个问题的过程中扮演了重要角色。Chancellor 一方面是国王大法官庭的执掌人，另一方面又是一个宗教人士，是所谓国王良心的忏悔师。他不是诉诸法律，而是诉诸良心，诉诸宗教义务。一个基督徒许下诺言，就等于承担了一项义务，他必须履行这个义务，因为这个义务是宗教性的，是个人的良心和上帝之间的关系。循着这样的解释，Chancellor 慢慢地就发展出一套制度，我们称之为衡平法的一整套制度。比如，衡平法上的谚语说：衡平法对人执行。它不是对物的，这和普通法非常不同，原因就是它针对人的良心。借着这个事例我们可以看到，"信托""良心""衡平"这一组道德的甚至是宗教性的观念是怎么样逐渐地制度化，变成了一种法律上的安排。到了 16 世纪以后，"衡平"就不再是像早期所说的"随着大法官脚的大小而改变大小"，而是固定化、制度化了。我们学外国法制史，都会涉及这一段历史。我刚才讲的发生在今天的活生生的案例，实际上就是渊源于此。

衡平法的发展提供了一个极好的实例，表明"诚实""信用"这种个人的和社会的道德原则如何发展成为我们所说的法律制度。不过这并不是唯一的例子。在欧陆法律传统的国家里，我们熟知的例子有民法中有关"诚实信用"的著名条款，还有非常古老但是同样重要的概念或者原则，比如"善意"的观念。尽管这些原则和条款的表现方式和实现方式同我们刚才谈到的衡平法有所不同，但是我们能看到，"诚信""信"的观念都在这里起着非常重要的作用。如果说衡平法的"信托"是一种制度，这些则更多是法律的原则。但不管是原则还是制度，都是法律当中非常重要的一个部分，是把"信""信义""诚信"的观念制度化的一种表现。

在商业方面，"信用"的观念可能就非常不同了。我所谓的"不同"并不是说它背离了"信"的原意，而是指它的表现形式是相当不同的。比如我们个人的"信用"。

我借了别人的钱应该还,如果不还,我会在朋友当中失去"信用",别人不再会借钱给我,在一个小圈子里面,我可能有一个很坏的名声。这是个人"信用"的一种传统的表现,我们今天讲的商业信用,表现于个人的情况又有所不同,因为这种个人的"信用"已经被制度化,是通过各种不同的制度来定义的。

在今天的中国社会,这种信用观念还不多见,但是在有些地方已经开始受到重视了。比如有报道说,近年来随着金融领域的逐渐开放和国内金融机构的改革,个人信用的观念也开始受到重视。有些人开始自觉地利用同信用机构打交道的机会来积累个人信用,留下良好的信用记录。在一个发达的、注重"信用"的国家生活过的人,很快就会了解这种信用的含义。比如到美国去留学的学生们,去了以后就会发现,在很多地方都要用信用卡,否则生活就不方便,因为你不能老带着现金。信用卡有很多种类,也许有一天,你会发现自己的信箱里面有一封信,请你填一张表,提供一些个人信息,去申请信用卡。但是你提出申请以后,很可能得不到信用卡,如果你要问为什么,得到的回答通常是说你没有"信用"。这有点奇怪,我只有使用信用卡你才能知道我是不是有信用的,但是现在我还在申请信用卡,你就说因为我没有信用所以不能给我信用卡。这是一个让人很尴尬的局面。但是这套制度就是这样的。即使得到信用卡，开始时信用额度可能很低，比如只有五百块，过一段时间之后，如果你信用很好，你的信用额度就会被提高。等到你使用信用卡的时间长了，也有信用了，邀请你使用其信用卡的公司也就越来越多了。这就好像"马太效应"，多者更多，少者更少。

一个人使用信用卡的记录，不光在他使用的信用卡公司里有，而且也在其他中介性的信用机构里留存。所以当你申请其他服务的时候，相关的方面就会调阅你的信用记录（当然这是一种有偿服务）。也许有一天你会收到一封信，说我们不能给您提供这项服务，因为我们查阅了你的信用记录，你的信用记录如何如何。它还会告诉你信用记录是从哪个地方取得的，如果有异议你可以去查询。这时你才发现，你在日常生活里的"表现"，比如交电话费、交水电费、买保险等等，已经被作为信用记录保存下来了，这些记录直接影响到他人比如保险公司或者银行对你信用的评估，从而影响到你的"能力"和活动空间。这就是商业性的信用。在这样的社会里，就有所谓个人破产的问题。当然，现在的个人破产不像狄更斯的小说里描写的那么悲惨。在19世纪，宣告破产的债务人要被关到监狱里去，而且名誉扫地，所以破产之后自杀的事情很多。现在的人不会有这样悲惨的遭遇了，但是被宣告破产仍然会给个人带来严重的挫折感和不便。我曾经在美国新泽西州的普林斯顿住过一段时间。那是一个很富裕的小镇，人口不是很多，距离大城市也比较远，虽然有公共交通，但是不太方便。在那里我发现总有人（一般来说都是比较贫穷的阶层）在车站等车。我当时不大理解，因为在美国拥有一辆自己的车是很容易的事，为什么这些人不自己买车呢？当地的朋友就告诉我，这些人多半是没有"信用"的人。你失去了"信用"，在社会上就寸步难行了。因为你做的很多事情都作为"信用"的记录留存下来，而这是一个制度化的建构，是一环扣一环的。

在商业实践的领域里面，"信用"可以表现得非常制度化、专业化，它对个人有什么样的影响？这是一个非常有趣的问题。如果你的行为是没有"信用"的，你就会受到惩罚，相反，如果你的行为是有"信用"的，你则可以因此而积累自己的"信用"，一个人可以有意识地积累"信用"，然后去做想做的事情。这对个人的行为，进而对个人的道德产生什么样的影响，是一个非常有意思的问题，下面还会谈到。

在政治伦理方面，"信用"的问题可能更重要，因为它关系到国家对公民的责任，涉及权力的正当性、合法性问题。所谓公信力就是对政府信用度的要求。比如，人们要求政府行为有章可循,而不是任意而为;要求政府的决策过程和程序是透明的,就好像人们要求上市公司通过披露程序让公众了解它的实际业绩一样。人民要求知情,特别是当那些决策影响到他们生活的时候。同样,人们要求政府对自己的决定负责任,具有所谓可问责性。如果一个政府不这样做,人们给它打分就会很低,严重的情况下,它可能因此而失去了道德上的正当性。我们生活中涉及政府信用方面的例子很多,它们大多与政府政策的稳定性有关,比如农村的土地承包,城乡的土地征收,还有最近引起很大争议的陕北油田问题。有些私营企业证照齐全,甚至是响应政府号召和在政府支持下创办的,如果政府以产权不合法、造成污染、安全隐患等问题限制、关闭甚至没收这些企业,又没有应有的补偿,就会损害政府的公信力,在政治生活中造成严重伤害。换句话说,公信力与个人之间、企业之间的关系不同,它涉及政府与国民关系上的基本原则,在现代社会通常是与比如民主制度和法治联系在一起的。当然,公信力并不只是在今天才重要。在传统的社会里,它也有其表现方式。实际上,不管是在东方还是在西方,作为一个基本的道德原则,"信用"都是不可缺少的。我想借这个机会简短地讨论一下中国的传统。

有些人批评中国社会没有"信用",到处都是欺骗,到处都是陷阱,简直是一塌糊涂。有人更认为导致这种现象的最主要的原因,就是中国人没有宗教,不信上帝。总之,我们这个民族的文化里面就没有"信义"这个东西。我觉得这种论断过于轻率了。要了解一种文化,了解这个文化里面"信"的表现形态,是一件非常复杂且艰难的事情,要下功夫,特别是要去理解具体的社会情境和社会变迁,而不能做如此简单的归类和概括,因为并不存在这么简单的因果联系。至少我们现在可以说,任何一个社会,包括信用上很发达的社会,也都存在各种各样的欺诈、"不信"和背信的现象,只不过在不同的社会里,这些现象的表现非常不同,程度可能也不一样,所以我们需要了解的是"信"与"失信"的各种原因和机制。

我举几个中国传统社会里面的例子,来说明作为一种价值、一种制度实践,我们今天讨论的"信用"在中国传统社会里是有很深的根基和表现的。比如传统的"五常"包含五个德目:仁、义、礼、智、信。虽然"信"排在最后,但也非常重要,而且它和"义"这样的观念有非常密切的联系。这当然是基本的德目,是基本的价值。在这个基本的价值之上,我们能看到很多的实践、事例、制度,都跟它有关系。比如,在商业的方面,有"童叟无欺"这样一种说法或者说美德。而且这种美德不仅仅是一种个人的道德,也是有制度性保障的。比如"老字号"这样一种制度,当然这个制度并不是什么人发明出来的,一个字号"老"了,它就变成"老字号"了,但是它为什么是"老字号"? 为什么"老字号"不是一个简单的描述的观念,而是一个带有规范含义的、体现某种价值的观念? 其中一个可能的解释就是,在当时社会的经济环境和市场竞争里,它能够留存下来,而且活得时间长,所以成为老字号,而它活得时间长是因为有信用。当然有信用只是一个方面,它可能经营得很好,有祖传秘方。问题是祖传秘方不能保证有信用。今天用的可能真是祖传秘方,但祖传秘方的成本可能比较高,最后就用假的东西掺和到里面,它可能就没有信用了,祖传秘方就不灵了,字号可能就倒了。我们今天看到的很多情况就是这样。再比如"行会制度"。我们过去都批评行会的制度,或者简单地把中国历史上的行会拿来和欧洲的行会作比附。这种比附有很多问题,这就不用说了。行会制度的存在有很积极的作用,比如今天经济学家、社会学家都很关注的温州商人,他们不管在哪里做生意都有商会。这种商会并不是我们说的行业协会,那是一种半官方的,实际上背后是国家支持的、退休官僚们集中的地方,不是民间组织。温州商人自发组织的商会不同,这种组织在一定范围内起了一个很好的秩序建构的作用,包括防止、减少和解决失信的问题。当然我并不是说,商会制度就是行会。实际上它们的性质和职能并不一样。但是在"信用"问题上，它们都提供了某种制度化的保障，如果出现了这种问题，它们都能够出面来解决。总之，在商业实践和民间组织自身的秩序里，有很多类似的制度保障。

在我们大家比较熟悉的法律方面，其实也有很多的制度都表明、体现了同一种原则。比如，从《唐律疏义》到《大清律例》，法律上关于市场、财物关系、制造、交易有很多一般性的规定，这些规定体现的原则都和我们今天讲的信用，或者说广义上的"信"，有很密切的联系。比如，唐律里面有一条是关于"费用受寄财物"，别人财物寄放在你这里，你把它用掉了，要"以盗论"，就是按照盗窃来论处，处罚是很严重的。这不符合我们现代人对法律的分类和理解，但是，它体现的原则与我们讨论的"信"和"信用"有关。"受寄财物"的关系像是一种信托，虽然这条法律跟信托法是两回事，但它们有相近的地方。再比如"器用布绢不如法"这样的规定，它讲的是，"诸造器用之物及绢布之属，有行滥短狭而卖者，各杖六十"。这也是很严重的处罚。所谓"行滥短狭"，"行"是指不牢固，"滥"是指不真，"短狭"是指不足，分量不足，尺寸不足。有这种情况去卖，就要受到严重的处罚。再比如，我们今天看到一个器物，比如一个杯，一个盘，它底下可能有一个工匠的名字刻在上面，这叫作"款"。在淘古旧瓷器的时候，有"款"的东西价值就很高。这个"款"是什么意思？这就是信誉的意思，是一个信用保证。今天可能杭州的紫砂壶还是有"款"的，一个工匠有很好的声誉，他把自己的名字放在上面，这是一个信誉的保证。《唐律疏义》里有"物勒工名，以考其诚"这样的话，就用了"诚"这个字。之后又有"功有不当，必行其罪"。如果事情没做好，有"行滥短狭"一类事，是要追究责任的。有意思的是，《唐律疏议》里的这句话引自《礼》，是《礼》的一项内容。这种规定合乎情理，容易理解，因为它是从日常生活实践里面产生出来的东西。把《礼》的内容移到法律中去，就有了一种更加制度性的保障。可见，即便是在古代社会，"信"也不仅仅体现在个人行为道德和商业实践当中，它也体现在法律制度里面。不仅如此，"信"的观念也体现在国家统治这个重大政治领域当中。

过去讲的"取信于民，取信于天下"，就是讲"信"作为一个政治正当性的原则是如何重要的。反过来讲，失信于民，失信于天下，或者失民心，意味着其正当性基础就崩溃了，这是非常严重的事情。从先秦的时候就有各种各样的盟、约，统治者是不是遵守所订立的盟、约，这是关乎一个统治者信誉的问题。这个信誉可能在统治者之间产生影响，在国与国之间的交往上产生影响，也可能在一国的统治者和被统治者之间产生影响，是非常重要的。

这方面有非常多的故事,随便举几个例子。比如,我们都知道秦代商鞅变法。商鞅到秦国去,说服了秦孝公变革国法,行新法。这在当时社会上引起很大的震动。他把法律制定以后,要公布实施了,为了让人相信这些法律会被严格执行,他采取了一个办法,这是一个很著名的故事。他把一根木头放在南城的城门,贴了一个告示说,如果有人能把这根木头扛到北门,"予十金"。这个命令让大家莫名其妙,大家都不相信有这样的好事,所以没有人响应。商鞅马上把奖赏从"十金"提高到"五十金",有一个人照着布告上的话做了,就得到许诺的"五十金"。司马迁在记录这件事情的时候说"以明不欺。卒下令",意思是说,他这样做就是为了表明国君是说话算数的,然后就开始推行他的法令。

这个故事里面包含了很多内容,讨论法律的职能、法治的功能的时候,都可以来参考这个故事。此后当然还有一些别的事情。法律推行以后大家都不太习惯,所以有人说这个法律有问题、不好用,也有人发牢骚说怪话。秦国的太子犯法,商鞅不能直接处罚他,就把他的老师处罚了,一个是刺面、涂墨,一个是割鼻子。这使商鞅结怨很多。所以秦孝公死了以后,他就被这些对他有怨恨的人告发,最后被处死了。据《史记》记载,商鞅曾经试图逃亡,路上要住旅馆,旅馆主人并不知道他是商鞅,要验他的身份证明,而他没有。因为是在逃亡,他也不敢说明自己的身份。店家说根据"商君之令",也就是他当年制定的法令,没有身份证明是不能住店的。最后商鞅长叹一声,说法律严明到了这种程度,他也莫可奈何了。这个故事非常有趣。看来当时的法律确实是被人们照着做的。法律之所以被遵守,原因当然很多,"以明不欺"的做法可能是一条重要原因,尽管法律的具体内容可能很残酷,是所谓严刑峻法。

另一个和商君有关系的事例正好相反,是一个不讲信义的故事。我们知道,商鞅入秦以前是在魏国国君手下做事,后来他在秦国变法,说动秦孝公派他率军去征伐魏国,当时魏国派出公子卬迎战。两军交会,商鞅写了一封信给公子卬说,当年我们都在魏公手下做事,两人交好,现在两军相遇,我们不得不交手,这件事情真是不好,我们能否见上一面,大家盟誓饮酒,把这个事情化解了,然后两边罢兵。公子卬听信了他的话就来了,结果他事先埋伏了甲兵,饮酒时冲出来俘虏了公子卬。魏军没有了主帅,结果就被击溃了。商鞅的做法显然是"不信",是"背信弃义"。后来史家如刘向在他的《新序》中讲到这个事情的时候,说商鞅"法令必行,内不阿贵宠,外不偏疏远,是以令行而禁止,法出而奸息",接着又说"然无信,诸侯畏而不亲","故诸侯畏其强而不亲信也",就是说商鞅这个人没有信用,诸侯对他只是畏惧而没有亲近感。我们看到,"以明不欺"是"信",诱捕公子卬是"无信"。信与无信在一个人身上有不同的表现,在不同的制度方面也有不同表现。在古人那里,信的内容很丰富,原则却是清楚的。

那么从这些历史的、社会的、文化的现象当中,我们可以得出什么样的结论? 特别是我们讲的作为一种道德原则的信用问题同法律制度乃至政治制度有怎样的关系? 我想做几点观察性的结论。

第一,信或者信用,作为一个德目、一种价值,具有地方性,像我们提到的英国衡平法的制度化过程,罗马法上的善意和诚信概念的发展,还有中国古代的盟、誓,都具有地方性的特点和表现形式,它们同时还具有普遍性。在不同的文化里面,只要有人类生活的地方,有人与人关系存在的地方,信和信用作为一种价值都是存在的。据说有人类学家称,他们看到有一种初级社会,那里的人以互相欺骗为乐。我不知道这样的社会怎么能够存在。但如果它一直存在着,那它一定有某种存在的道理。比如,我相信,如果仔细地观察,人们应该能够发现在互相欺骗之上存在着某种互信。比如说,我可以知道你欺骗我的话后面,实际上想说什么。否则,人和人之间就没法打交道了。总之,信,兼具人类文化的地方性和普遍性,在这个意义上,它既超越了传统和现代这样一种分际,也超越了地方性和普遍性的界分。

第二,作为个人的道德,可以说信或者信用这个理念超越了功利的计算,上升为一个绝对命令的道德要求。另外一方面,作为社会制度,它又超越了个人的道德实践。它不仅是个人的道德实践问题,也是制度和原则问题。这时我们再讨论信用问题,或者评价涉及信用行为的时候,就不能把它仅限于个人道德行为的领域。我们过去(现在也常常)习惯于把国家治理中的一些问题,如腐败、政务不透明、失职和渎职等,归结为个人的道德品质,结果忽略了制度性的信,也忽略了个人道德实践和制度实践之间的关系。"信"超越个人的道德实践而成为一种社会制度,我想,对学习法律的人来说,认识到这一点很重要。我们要考虑,一种个人的道德实践怎么样和一种社会制度发生联系?发生了什么样的联系?我们怎么来界定这种联系?法律和法律人可以在这里做什么样的事情?引申开来,这也涉及一般所谓法律和道德的问题,这种相关性在信用的问题上是怎样表现出来的?有两个同样真实的命题,它们都很重要,并且有助于我们理解这里要讨论的问题。第一个命题是"道德系于制度"。

前几年北京三联书店出了一本书,书名是《正义的两面》,这本书对于我们理解上面的命题很有帮助。

这是一本关于正义的书,但它并不讨论正义的具体规范,比如什么样的分配方案是正义的,为什么是正义的,等等。这本书并不讨论这些实质性的问题。它讨论的是一个结构性的、逻辑性的问题,即不管这个正义的内容是什么,正义如何成为可能。这本书的书名简明扼要地点出了主旨。这"两面"中的一个方面是,作为一种道德命令,正义是没有条件的。比如不能说谎,要诚信,这是一个道德命令。当我们说不能撒谎要诚信的时候,并不是因为这样做就能得到好处,或者这样做你的子孙能得到好处,或者诸如此类,而是因为做人就应当如此。换句话说,它超越了所有个人的计算、功利的好处,是所谓绝对命令。在这个意义上说,正义是没有条件的,否则正义就不叫正义了,那不过就是功利计算而已。我们大家都变成了计算的机器,看什么东西对我有好处;这种场合下就说真话,另一种场合下就不讲诚信,或者,只说三分真话七分假话。那样,正义就不存在了。但是正义还有另外一面。正义的另一面是有条件的,所谓条件指的就是功利计算的部分。显然,正义的这两个方面是互相矛盾的。但正是因为具有这种两面性,正义才是可能的。也是因为这种两面性,正义局面的形成又是困难的。用书的作者的话说,是"正义局面的脆弱性"。换句话说,正义的局面很容易崩溃。

要求一个社会的成员不计利害，彼此以诚相待，这实在很困难。难就难在有很多人是机会主义者。比如，你希望并且努力做一个诚实的人，坚持在任何场合下都不说假话，凡事讲良知，对别人负责任。但是你发现你周围很多人是机会主义者，他们不诚实，说假话，投机取巧，他们正是利用你的善良和诚实得到好处。更糟糕的是，他们的这种行为没有得到应有的惩罚，相反，你因为有美德反而被看成是傻子。在这样的社会里，你能够始终如一地坚持自己的道德标准吗？我相信即使在一个不诚实的社会里，还是会有一部分人愿意并且能够做一个诚实的人。这是可能的，但这些人如果不是圣人，也是一些意志非常坚强的有很高修为的人。从一种社会秩序建构的角度看，如果有很多人都在说谎，并且从中得到好处而不受惩罚，那么一个正面的不说谎的道德是很难建立起来的。因为这个缘故，我们要有制度，要让说谎者和各式各样的机会主义者为他们的不道德甚至不法行为付出代价。从另一个方面说，就是让诚实有德的人得到"好处"。这样一来，人们哪怕是出于计算的考虑也要说真话，也要做一个诚实的、有道德的人。慢慢地，经过一个微妙的社会化过程，最初是出于功利计算的行为可能变成一种习惯，最后内化为一种信念，一种具有正当性的认定。这时真正的正义就实现了。还用前面提到的信用卡的例子。信用卡的持有人成千上万，流动性又大，再加上信用卡公司之间竞争激烈，要有效地监督每一个持卡人很难，要追究赖帐的人更难。实际上，在比如信用发达的美国，信用卡公司每年坏账的数额也是相当大的。尽管如此，美国依然是一个信用社会，信用卡制度不但能够存续，而且相当有效。为什么？这里面至少有两个原因。第一，人们从小就被告知，图赖是不道德、不正义的，你花多少钱，就应当还多少钱，包括利息。因为这是一个道德要求。但我们说只诉诸道德是不够的，要把人变得道德，还要靠一系列制度。如果制度合理而完善，机会主义者得逞的可能性就会大大降低，投机取巧的尝试也会受到有效的阻遏。这样就会形成一种局面，使得信用卡制度能够存在下去。在这个过程中，人们慢慢习惯了道德的行为和信念。而这种信念一旦形成以后，人们就可以脱离原来的计算，不再去想我这样做有没有可能被抓住，而是觉得这样做理所当然。别人不这样做，不仅仅是占了我的便宜，而且是不正当的。这样，信用的行为逐渐成为当然，正义的局面不但形成了，而且相当坚固。换句话说，正是由于正义有两面性，所以制度是非常重要的。只有从制度上去满足正义的条件，正义的局面才能够形成，进而维持和发扬光大。这就是道德系于制度的意思。

第二个命题正好相反，它说的是"制度系于道德"。

这个命题也能够成立。

我们刚才讲,道德要靠制度的支持才能够生根,才能够坚强,维持不坠,但是反过来,同样的命题似乎也是可以成立的。我们大家都知道,如果我们把法律理解为制度,法律的有效性在终极意义上或者在一个比较远的但是更根本的意义上,是和法律的某种道德性结合在一起的。不过,人们对这种道德性的表述很不一样,有的人甚至完全不用这种表述。比如大家都知道的 H. L. A. 哈特,他讲的是“法律的内在视角”。什么是“法律的内在视角”? 从解释的角度看,我们服从法律不仅仅是因为法律要求我们服从,甚至是通过强制力要求我们服从,或者,是因为服从法律对我们有好处,我们经过计算,认为服从法律对我们比较有利;而是因为在很多情况下,我们认为服从法律是对的,我们应当服从法律。所以从法律的内在视角出发,我不仅自己服从法律,或者在描述的意义上判断别人有没有服从法律,而且会批评违法的行为,因为我们认为违法的行为是不正当的。无论这样做的理由是什么,这时我们都是从法律的内在视角来看待法律的。

另外一个例子是伯尔曼(Harold J. Berman),大家也很熟悉。在《法律与宗教》这本书里,伯尔曼讲,法律必须被信仰,否则就形同虚设。他揭示出,在今天的社会里面,法律作为一种世俗理性的制度,和我们通常认为是传统的社会现象、社会实践,比如"信仰"这样一个领域,其实有很密切的联系。当我们讲法律必须被信仰的时候,也是在讲一种内在的观点。虽然伯尔曼的这个论断显得有点极端,但我相信里面包含了一些真理。有很多例证可以证明这一点。孔子当年也说过,"导之以政,齐之以刑,民免而无耻;导之以德,齐之以礼,有耻且格"。当然,孔子的话主要不是着眼于二者的联系,他只是讲述了不同的制度要素,但其中也强调了内在视角的重要性。我在这里更强调它们的相互作用,就是从这个角度看,如果一种法律没有正当性,没有被人们内化和接受,没有内在的视角,那么人们对这个法律的服从就是非常被动的。用上面的话说,这个法律营造的"正义局面"就非常脆弱,随时都可能崩塌。所以反过来说,正义局面的脆弱性,也表现在人们对法律的认同上和对法律的内在坚持上。在这个意义上,守法本身可能成为一种美德。

但是我们这样说有一个前提:为什么法律可以被人们从内在的视角来观察,为什么法律可能被人们所信仰?这里有一个前提,就是法律本身必须具有合理性和正当性,哪怕这个正当性并不具有普适性,但它至少在某个特定的社会里面,在某个阶段,在法律所影响的那个人群里面是有正当性的,是被看成合理的、公正的、可行的,是可以被接受甚至应该被接受的。简单地说，"法律应该可以被信赖"对法律本身提出很多要求。

这样，我们很自然就过渡到"法治"这个概念上来。我们今天的题目是"法律与信用"，其实也可以是"法治与信用"，这不重要。差别在于，如果我谈法治的话，我是在讲一种法律的原则，而不仅仅是谈法律的表现形式。法治的价值可以从刚才我们讲的这个角度来理解。

我们都知道美国的一位法学家富勒（Lon Fuller），他1969年出版过一本很著名的书——《法律的道德性》（*The Morality of Law*）。他在这本书里详细讨论了使法律成为可能的道德性。在他看来，不具有这些道德性，法律就不可能存在、发展。这样他就把法律和道德联系在一起了。他的讨论从一个寓言故事开始：有一个叫 Rex的国王，他父亲过世了，轮到他登基统治。他要实行一个他认为是最好的统治，便开始实行一系列新政，但是各种统治方法都失败了。比如他决定不要规则，做任何事情都临时决断，这个办法让大家怨声载道，后来失败了。他又决定使用规则，但是规则不公开，老百姓不知道规则的内容。这个办法也行不通。他又尝试了其他很多种做法，比如，让法律溯及既往，惩罚过去的行为；法律内容晦涩，不好理解；法律自相矛盾；法律要求老百姓做一些很难做到的事情；朝令夕改；公布的法律和实行的法律不一致;等等。结果是所有这些尝试都失败了。富勒总结了这个寓言中的国王失败的教训,提出了法律应当具有的八个原则,他认为这些就构成了法律内在的道德性,正是这些道德原则使法律成为可能。为什么说这是一种道德性?道德性表现在什么地方呢?从我们今天所讲的题目的角度看,富勒讲的就是信任、诚信的问题。因为法律是要人来实行,是要作用于人的。法律的实现是一个合作的过程。没有合作,任何法律都很难实施。中国人有种说法:"法不责众。"如果大家都不遵守法律,法律就可能形同虚设。老子也有一句著名的话,所谓"民不畏死,奈何以死惧之"。即使是严刑峻法,如果大家都不在乎,法律也无法奏效。可见,立法只是开始,要成就法律,要有法律所期待的相应的行为,还要有民众的合作。合作怎么是可能的呢?要使人与人之间的合作成为可能,或者说使人类社会的秩序成为可能,就要满足一些条件。这些条件涉及人与人之间的社会关系,集中表现在人与人之间的某种期待和相互尊重上,所以是一种道德关系。这就是为什么富勒要讲道德性。

另外一些法学家,比如上面提到的哈特的学生拉兹(Joseph Raz),从不同的角度来看法治问题。"法治"是什么?他认为应当先从"法治"的概念入手,看它字面的含义,rule of law,就是法律的统治。第二个含义是从第一个含义推导出来的:法律的统治必须是可能的。也就是说,人要有可能服从法律,不能使人服从的法律是不可能被服从的。怎样可能呢? 他也列举了若干条件,他列举的这些要素和富勒提到的差不多。当然它们不一定是一个完整的清单,但是核心内容是差不多的,比如法律应该是公开的、透明的;法律应当容易被人理解;公布的法律和实行的法律应该一致;应该有一个司法机构来审查比如政府的行为;司法应该是相对独立的机构,忠实于法律;法律不能溯及既往;法律应该是普遍性的规则;等等。人们可以从不同的理论和实践的角度对这些规则和表述进行批评和限定,但是在一般原则层面上,它们是被很多法治论者所接受的。我们可以看到,这里讲的法治原则涉及人与人之间的关系,涉及人际的相互期待和互动,以及根据这种互动模式来建构的社会秩序。这些都与信用问题联系在一起。

总结一下,我们上面讲到的两个命题,表明制度性的道德和个人道德这两者之间是有密切联系的。现在我们还是回到制度的层面上看“信”和“信用”的问题。

从制度的角度看,我们可以说“信”和“信用”主要在两个层面上特别集中地表现出其作用,值得我们关注。一个层面是“私域”,另一个层面是“公域”,即私人领域和公共领域。在私域里面我们主要讲的是横向的关系,个人之间、企业之间、组织之间等，很典型的表现形式就是契约关系、财产关系。订立的契约是横向的关系，订立后有"信"的问题。制定契约本身在道德要求上就是"信"的过程。你不能订立虚假的契约，不能隐瞒重大的问题。我们有很多法律原则，这些法律原则可能使得契约有效或者无效，这些法律原则是我们订立和解释契约或者解决契约纠纷时应当遵循的重要原则。比如，契约指向的主要标的物不清楚，或者订约过程中有诈欺，这些从罗马时代起就被列为契约失效的原因。执行契约的过程也是这样。契约之所以可行是因为人们指望对方履行契约，而且是按照达成契约时约定的方式去履行契约。不管这里可能产生什么问题，这个前提、假设是不变的。契约、财产关系、对财产的尊重等，这些都是私域里面非常典型的问题。当然还有我们讲的个人道德问题，也可以在私域里面表现出来的。

另外一个领域就是公域，主要涉及纵向问题：统治者与被统治者、公民与国家之间的关系问题。在私域和公域，国家分别扮演什么角色，这可以分开来讨论。从私域角度看，首先要讲国家职能问题。从19世纪到现在，政治理论中对国家的职能到底是什么讨论很多。国家应该有多大？国家应该管多少事情？如果说有一个私域，是不是应该由老百姓自己来解决其中的问题？私域的社会秩序是怎么形成的？国家在里面起什么作用？是维护这个秩序、提供秩序的基础，还是要主动地去干预？干预到什么程度？这些问题直到现在还是争论不休。但是不管怎么样，我想有一点是大家一般都承认的，就是国家的作用在私域中是存在的，并且是不能被抹杀也不能被替代的。国家要提供公共物品，国家要强制执行已经达成的契约，国家要保护产权，等等。不管是根据福利国家还是守夜人国家的理念，国家都应该具有这些基本的职能。而且这些职能不是任何一个私人组织能够解决的。

问题在于，大家为什么热衷于讨论这些问题，并产生互相对立的观点？就是因为国家并不是一个单纯的、中立的、简单的、善的结合体，它并不是只会做好事，只会做恰当的事情，它也可以做不好的事情，也可能失职，不履行它的职责，可能越权，做它不该做的事情。不管确定国家职能的原则是什么，也不管国家权力的界限划在哪里，大多数人都认识到，现代社会条件下，国家所拥有的控制力和它所掌握的资源，使它成为在政治学上必须被认真界定的对象，否则可能造成灾难性的后果。这个问题涉及国家在公域里面的职能，在这个领域，我们谈的是宪制、法治问题。不管国家的职能怎么样，今天我们比较认同的是，在现代社会生活的格局里面，国家不应该是不受约束、权力无限的。我们已经有的各种各样的经验和理论都表明，一个权力无限的人或机构、组织，一定会给社会带来很多灾难。因为它没有制约，不受限制，渗入每个人的生活里，想做什么就做什么。实际上这是另一种无政府状态。如果我们假定没有国家的状况是无政府的、灾难性的，那么这种国家状况可能也是这样的。人们说的宪制之下的"有限政府"，或者法治原则和依法行政等，都是对国家的控制。控制的目的是提高国家的公信力，使国家成为一个可以被信赖的国家。顺便说一句，有一种批评说自由主义的国家软弱无力，因为它受到各种限制，很多事都不能做或做不成；专制、集权的国家则更有力量，因为它可以为所欲为。有人为自由主义的国家辩护，认为自由主义国家才是有力量的，它有力量恰好因为它是一个有限的国家；反过来，一个无限的国家表面上强大，好像什么都可以做，其实受到很多制约，不能有效地利用社会资源，实际上是脆弱的。我们可以从"信用"的角度去考虑哪一种国家更有效、更强大。是一个有很大权力却常常失信于民的国家更有力，还是一个表面上看受到很多制约但公信力强的国家更有力量？这个问题值得我们深入思考。

上面讨论了许多问题，外国、中国、古代的都讲了，一般原则也讲了很多，最后我们要落实到自己身上，落实到当下的制度环境和精神状况上。如果问题确实像我在一开始时提到的那么严重,我们自然要问:如何在道德、制度上建立信用,或者说重建信用? 我用"重建"这个词,当然要有点限定,信用是不是原来就有,现在没有了? 在某种意义上可以这样说,所以我用"重建"这个词。因为过去五十年、一百年我们所经历的社会变故,社会的信用基础已经大为削弱。从个人道德,信仰、信念,人与人之间最基本的关系,比如家庭伦理关系,朋友、同事关系等,一直到基本的社会制度,包括政治制度和法律制度,都经历了非常大的改变。这个改变,我认为在中国历史上是绝无仅有的。当然,现代化的发展本身就是前无古人的,但是另外一方面,各种各样的历史变故,包括偶然性的历史变故使我们承受的重压,几乎把这个文明压垮了。最近的一本畅销书,可能很多人都读过,给了我们一个反省的机会,重新去看过去这几十年究竟发生了什么事情,发生的事情根本上是什么问题。依我看,这个问题太大了,涉及所有方面,其中很重要的一个方面就是基本的社会秩序和建构这个社会秩序的基本资源,几千年的道德、社会价值和传统社会组织,在短短一百年的时间里土崩瓦解,而且是被制度性地、有组织地加以根除。这就产生了很大的问题,结果就有书里提到的那些悲剧发生。所以从某种意义上来说,我们是有一个重建的问题。当然我说的重建并不是回到比如传统社会,实际上也不可能回到那里，那也不是一个正当的目标。所谓重建是指，过去，中国社会有一个相对完整的秩序，这个秩序是经过相当长的时间，在一个非常深厚的根基上发展起来。但是在过去的一百年里，这种秩序瓦解了，秩序的根基也动摇了。现在我们有没有可能把新旧经验融汇在一起，建造一个新的文明、新的秩序？这不是简单地回到过去，但是应该包容并超越过去。在这个秩序中，法律扮演着很重要的角色。当然，这个角色远远不是唯一重要的，它只是很多重要资源里面的一种，而且它自己不能独立获得成功，它需要靠很多别的东西来支持。这就涉及刚才谈到的很多问题，从个人道德、个人信仰到政治、法律和社会制度的广泛的社会层面和社会领域。那么，我们究竟如何在道德和制度上重建或者建立信用？怎么才可能建立一个新的、有内在活力的文明，一个有凝聚力、号召力和公信力的国家？

我在开始时提到一些流行的口号，比如"打造信用"。坦白讲，我对"打造"这个词有一种抗拒的感觉。一个原因是，这些词已经被滥用了，鄙俗化了，令人无法忍受。除了"打造"这个词，还有比如"平台""方方面面"，甚至一些老词儿，像"与时俱进"，都是如此。本来，"与时俱进"这个词不坏，过去我在文章里也用，现在不敢用了，因为这个词被污染了。我提到这些问题，因为这不仅是一个简单的个人审美或者文字审美的问题，而且也是一个社会趣味问题，与制度和制度文化有关。我不喜欢"打造"这个词的另一个原因，是因为"打造"这个词有一种很强的意味，这种意味让我们想到一些很熟悉的东西。比如，它可能强调某种与个人道德教育有关的东西。失信的问题怎么解决？回答是加强教育，提高个人的道德，共产党员要用共产党员的标准来要求，公民要用公民的标准来要求，到处张贴的公民守约、公约等也是这类运动的产物。我很怀疑这些东西是不是有用。还有，"打造"这个词里面包含了很强的政府规划的意味。政府规划自然是通过行政主导的方式，一种运动式的、自上而下的、一阵风式的方式，铺天盖地的标语，各种会议，还有宣传，等等。这里至少有两个问题：第一，这种方式是不是一个有效的可行的方式？它能不能解决我们所面对的道德和法律问题？"信用社会"是不是真的能够被打造出来？第二，可能也是更根本的，在这种语式里面国家不见了，好像国家可以置身事外，它只是"打造"信用的主体而不是信用所要求的对象。这类口号和说法隐含了一些重大的曲解、误解和问题。

　　这里有几个非常重要的问题，我想和大家来讨论。第一个就是道德生长的条件。道德究竟是靠自上而下的教育养成的，还是社会自下而上生成的？我们大概都习惯了前一种方式,因为我们差不多从小就被教导着灌输着各种各样的思想观念。过去的历次运动也都是如此,比如有思想改造运动、社会主义教育运动。就是现在的各种公约、守则,也大都是自上而下制定的。其实,有两种社会组织和制度对于道德的养成和延续是非常重要的,那就是家庭和宗教,这里我讲的是广义的家庭和宗教,包括传统的家户组织和民间宗教。其实,我们看看过去这一百年来家庭和宗教在中国的命运,就可以部分地解释我们社会中的道德状况何以如此,也可以知道造成道德危机的某些重要原因了。

第二个问题就是,制度形成的路径是什么?我们过去谈到制度,马上想到国家制定和认可的东西,法律、法规、规章等等,很少想到制度可以有其他形式,制度可以从国家以外的其他地方生长出来。法律当然是很重要的制度形式。国家也是。国家在制度形成的过程里扮演了一个非常重要的角色。这些都没有问题。问题是我们常常自觉或不自觉地以为这些是唯一的制度,只要谈到制度就想到国家,想到自上而下的制度形成过程。这就有很大问题了。在国家之外,市场和社会也是制度产生的重要场所。从制度演进的方面看,这些地方甚至是制度发展更重要的渊源。信用制度的发展也是如此。我还举温州的例子。温州产鞋,这大家都知道。但在开始的时候,温州鞋的质量极差,有的鞋穿了一星期就坏了,甚至有穿了一天就坏了的。结果在20世纪80年代的时候杭州出现一个"火烧温州鞋"的事件,一下子让整个温州鞋业都面临生死存亡的问题。从那时开始,温州的制鞋商人开始寻找各种办法摆脱困境,包括在"品牌"上投资,成立行业协会来监督和控制质量。有了品牌,消费者也开始愿意花更多的钱去买好的品牌。慢慢地,温州皮鞋重建了自己的声誉。现在温州皮鞋不仅在国内市场占据了很大的份额,而且也已经打入西班牙、意大利、法国等欧洲市场。古今中外这样的例子很多。秘鲁经济学家赫尔南多·德·索托写了一本书,讨论导致富国更富穷国更穷的原因。他认为关键的问题是如何把僵死的资产转变成活的资本,而这就要求把民间、社会里面已经形成的秩序和规则,上升为国家的法律和秩序。换句话说,国家的制度应当是建立在市场和社会制度的基础之上,而不是跟它们无关,更不应该是同它们相反。很长时间以来,我们拒绝市场,对社会的发展也有诸多限制。现在我们要接受市场了,但是对"社会"仍然看得很紧。对民间组织和各种自发的结社缺少信任。这些都不利于信用制度和信用文化的发展。

第三个问题就是国家本身。从建立信用的角度来说,国家和个人、社会一样,它们面临同样的建立信用的问题。关于这一点上面谈得很多了。现在我们要把注意力集中到国家治理问题上。我们讲的宪制、法治，其实都是讲国家治理的问题。国家治理的目标，就是要使国家成为不只是有效率的，而且是负责任的、有信用的、可以被信赖的。当然，国家治理还可以包含其他目标，但是那些目标应该与国家可以被信赖这一点没有矛盾。实际上，国家治理中所有正面的积极的价值都应该与国家可以被信赖这一点有直接或者间接的关系。问题是，国家怎么样才能够是可以被信赖的？

不久前读到匈牙利经济学家科尔奈的一篇文章，题目是《从后社会主义转轨的角度看诚实和信任》。同西方经济学家不一样，科尔奈长期生活在社会主义体制下，对这种体制和这种体制中的问题有切身的感受。他看到的问题跟我们看到的问题有更多相近的地方。他在回答如何建立一个值得信任的国家这个问题时，除了提到比如"代议制民主"和"独立的司法系统"之外，还指出其他许多能够保护公民的可资利用的途径和制度。其中他特别提到公民参与立法的起草，在监管、能源、审计等方面建立中立和公平的机构，公决，非政府组织，还有国际组织。值得注意的是，科尔奈并没有简单地说满足了这些条件，值得信赖的国家就建成了。他倒是做了很多保留，因为每一项措施或者制度都可能包含另外一种可能。这也提醒我们，让我们注意到事情的复杂性。

最后，总结起来说，我们也许可以把要做的事情概括为满足正义的条件性。这些条件涉及公、私领域的不同方面，涉及各种各样的制度，从个人道德到政治体制，从法律制度的建立、政府职能的转变，到市场制度的完善和社会结构的改变。说到底，这些不同的方面是互相联系和纠结在一起的。我们很难想象在一个到处是欺诈和不信任的社会里有一个廉洁和值得信任的政府，反过来，我们也很难想象一个道德上健全的健康社会可以容纳和容忍一个腐败丛生的政府。而且，尽管我们相信要建立和维持一个正义的局面必须在制度上下功夫，但是无论正义的社会还是正义的国家，最后还是要落实到个人身上。所以，要建立一个值得和可以信任的国家，要重建整个社会的道德和信用，需要在不同层面和不同方面同时用力，促成法律与社会规范、国家与社会、自上而下与自下而上、正式制度与非正式制度之间的良性互动和配合，最大限度地满足实现社会信任的制度条件。在这方面，我们学习法律和以法律为志业的人应当是大有可为的。

问：您认为道德系于制度，制度又系于道德。如果这两个命题都成立，那么您认为这两个命题之间的关系是什么？它们是如何并存的？

答:我刚才讲的就是它们二者之间的关系。这两个命题都成立,就是因为这两个方面不但互相影响,也互相依存。单靠任何一个方面都不能解决问题。实际上,我们可以看到有两种循环,有的社会是处在恶的循环当中,即做一个诚实的人,做正义的事情,其代价越来越高;而在另一些社会里,做不诚实的人,做不正义的事情,其代价越来越高,这就是一个良性循环。我们今天的社会可能接近于前一种社会。经常有这样的报道,民众对在公共场合的犯罪行为袖手旁观,甚至有人见义勇为,还会被认为是多管闲事,结果是受害人孤立无援,不法分子越来越嚣张。而在几十年以前,情形正好相反,发现不法犯罪的行为,大家会群起而攻之。出现这样一种转变的原因很复杂,这里不能深入讨论。但我们的目标是明确的,就是把我们的社会变成一个良性循环的社会。

问:您认为法律信仰一词的含义是什么?如何培养公民的法律信仰?

答:"法律信仰"这个概念不太确切。你指的是法律与信仰,还是对法律的信仰?或者,是法律的信仰?(如果可以这么表达的话)这些是不同的问题,也是很大的问题。我们今天的讨论涉及了其中的一些问题,比如我讲到法律的内在视角,我提到伯尔曼关于法律与宗教的研究,还有法治和法律的道德性等。当然,法律与信用这个大题目本身也是跟"信"有关系的。不过,不一定都是信仰问题。信仰这个词太强。至于如何培养公民的法律信仰,我们可以从前面关于正义问题的讨论来思考这个问题。也就是说,强调制度建构,以及包括法律在内的制度与个人道德意识和实践的互动。这里我想强调一点,就是个人对法律的接纳、支持和信任必须建立在生活经验的基础上。举一个小例子。大家都知道前几年泸州中院判的一个案子,所谓"中国风化第一案"。一个人立了遗嘱,说把他的一部分财产给他的同居女友,而不是全部留给他的妻子和家人。这个遗嘱被法院认为有违公序良俗而判决无效。从当时的社会舆论看,公众大多赞同这个判决,而法学家们大多持批评意见。在这个案子里,我们看到社会的规范与法律的规范是很接近的。法官的判决与社会的规范一致。因此,这样的法律就被公众所接受。我们应该怎样认识社会规范与法律之间的关系呢?尤其是在这二者不一致的时候,我们是站在国家法的立场上来做判断,还是从社会规范的角度来认识这个问题?这是一个问题。重要的是,这个问题没有一个简单的答案。

问：对于政府的信用在构建信用社会中的意义，您有什么看法？

答：我认为在建设信用社会的过程中政府的信用具有特殊意义。首先，政府的信用是整个信用体系中的重要一环，不可缺少。更重要的是，国家在社会生活中的重要地位使得政府的信用在许多方面都起着重要作用。政府是公权力，政府职能的范围很广泛，它不但负有维持信用秩序的责任，而且能够干预社会生活，它的决策影响到很多人。因此，如果政府丧失信用，就不仅会造成或大或小的损害，而且可能导致政治信任危机。

问：您说大学是一种失败，我们现在怎样才能反败为胜？

答：我觉得我们的教育制度有很多问题。无论是二十年前还是现在，都是如此。刚才我也提到，我们国家现行的教育政策是一种很不合理的政策。其实不合理的地方有很多。这也是这几年大学教育改革很引人注目的原因，尽管这些改革本身局限性很大。这里面的问题和解决问题的办法，不是我们今天在这里可以深入讨论的。有两本书大家可以读一读。一本是张维迎教授写的《大学的逻辑》。张维迎是北大教育改革方案的起草人之一。这个方案引起了众多的争论，国内和海外的众多学者都参加了这个争论。另外一本书是《谁的大学》,作者薛涌是北大79级的毕业生,后来在美国耶鲁大学读了博士。这两本书都谈教育和教育改革,但是它们的观点、立场、视野可以说截然相反。把这两本书对照地读一下,可以帮助我们更深入地思考这些问题。最后我也想说,不管在什么样的环境里,我们都可以找到一种自己的方式来学习,来教育自己,不管你学习的对象是老师、同学还是书本。最重要的是我们要了解大学的意义是什么,教育的含义是什么。这些问题我们要不断地问自己。

问:您认为中国的信用危机不能简单地归结为宗教信仰的缺乏,那么您认为是由哪些原因引起的?

答:信用危机的原因当然非常多。我觉得在我们讨论的所有层面上,都可以找到原因。在个人道德层面和一般制度层面上都出了一些问题,除了人们常说的信仰危机、道德滑坡,在制度建设方面也有很多的缺漏。许多制度不完善、不合理,法律制定了但得不到尊重,政府往往没有很好地去履行它的职责,公信力依然是一个很大的问题。对这些问题,我们又可以问它们的原因在哪里。这样说的话,我们应当回顾一下150年来的历史。传统的社会突然解体,家庭和各种旧的社会组织受到毁灭性的打击。它们后面的一整套伦理、价值、信仰以及人与人的关系、仪式，还有各种礼仪等等也就失去了依托。经过历次的政治革命和社会运动，传统的道德体系和秩序基础都被破坏了。这种破坏有点像对自然生态的破坏。形成这种生态需要几千年，而破坏起来却非常容易，可能50年或更少的时间就可以了，再要恢复又需要很长时间。就比如遵守交通规则，按照警察的指挥遵守不难，自觉地习惯性地遵守却很难，比如深夜开车遇到红灯，周围既无警察，也没有行人，你也会停下来耐心等候，而且觉得就应如此。养成这样的习惯很难，但要破坏起来却非常容易。这些都是社会层面上的问题，在制度的层面，我们也可以发现很多问题。这些问题的解决需要自上而下的努力，也需要自下而上的努力，需要我们每个人的努力。

中国传统文化与中国民法典[*]

李显冬：

大家晚上好，今天论坛的题目是"中国传统文化与中国民法典"。来到论坛的蒋庆教授是国内著名的民间儒学学者，今天能够请到他，是非常有幸的事情。第二位要介绍的是洪范法律与经济研究所所长梁治平教授，他是研究中国法律文化的著名学者，同学们对他大量的法律专著非常熟悉。王卫国老师是我国著名的民商法专家，是同学们敬爱的老师。

经过国内所有专家、所有学者、所有关心我们民事立法的同仁们和所有国人的共同努力，民法的立法已经有了很大的进展。我们已经创造了灿烂的文明，当然也包

＊　本文系中国政法大学"中国民法典论坛"第六场"中国传统文化与中国民法典"的录音整理稿（录音整理人李芳，校对人李丽）。论坛由李显冬教授主持，于 2004 年 5 月 13 日在中国政法大学昌平校区礼堂举行。本文已经各发言人审定。为帮助读者了解笔者言论背景及相关主题，兹保留讲座全稿。笔者感谢讲座组织者的邀请及蒋庆先生和王卫国教授对讲座的贡献。

括法律文明,在民法典的立法中,如何认识传统文化和现代民法典的关系,是今天要讨论的问题。蒋庆先生是西南学子,和梁治平教授、王卫国老师都是当年的西南政法学院的优秀毕业生,毕业以后蒋庆先生在儒学的研究中取得了非常卓著的成绩。我们想先请蒋庆先生谈一谈他在中国儒学的研究过程中,在中国民法或者中国民法典这一问题上,曾经有哪些感受。

蒋庆:

我从山上到中国政法大学来,和大家一起交流,你们王院长给我出了一个非常大的难题。为什么?因为在我们西南政法学院所有 78 届的毕业生中,只有我一个人离开了法学,我已经将近 20 年没有研究过法律了,所以我认为我已经游离出法律界了。但实在是禁不住你们王院长的盛情邀请,因为是老同学,我不能不来。我来讲什么呢?说实话,民法典我确实也搞不清楚了。王院长让我讲我自己的这一套,实际上我自己的这一套在这里短短的时间内是讲不清楚的,那么,我还是尽量能够切题吧,讲讲我对法律的看法,也是儒家对法律的看法。

我是学法律的,为什么一个学法律的人最后离开法律去研究儒家文化?这是因为我接触到儒家文化后,改变了我对法律的看法。我从一个法律的推崇者,变成了一个对法律的冷静的思考者,看到了我原来没有看到的法律的有限性或者说法律在本原处的缺失。这一具体过程我就不说了,我想说的是儒家或者说孔子对法律有什么看法,儒家主张以什么样的方式来治理国家。现在很多中国人,还有外国人,甚至包括国内法学界和儒学界的人,都认为孔子是一个伟大的历史文化人物,是伟大的教育家、思想家、学问家。在国外大部分旅游区的蜡像馆中,中国人往往只有一个人,就是孔子,而孔子在蜡像馆中是历史文化名人的地位。但是,后来有朋友对我说,他们去海牙国际法庭,海牙国际法庭里面有一个"人类伟大的法官"展厅,里面挂有我们孔子的像。我听后很诧异,因为在我们的记忆中,孔子最伟大的贡献是在思想文化上,我们不知道孔子是"人类伟大的法官"。我又听朋友说,美国国会里也有孔子的像,孔子是作为"人类伟大的法学家"而被尊奉的。把孔子的像放在历史名人蜡像馆或者其他有关历史文化的博物馆,和放在法院与议会中是不一样的。把孔子的像放在法院就意味着孔子是一个大法官,能够公正地审理司法案件;把孔子的像放在议会就意味着孔子是一个大法学家,能够为立法活动提供法律思想。但是这些我们中国人自己都不知道,以前我也不知道,后来才知道。也许是因为孔子在中国历史上的地位太崇高了,是至圣先师、万世师表,使我们看不到或者说忽视了孔子的司法实践活动与法学研究活动。

在中国历史上,孔子确实当过鲁国大司寇,大司寇是最高司法长官,相当于现在的"最高法院院长"和"一级大法官"。孔子在当大法官的过程中,公正严明,把鲁国治理得非常好。史书上记载,羊贩子"沈犹氏不敢朝饮其羊",也就是不敢再像从前那样早上去卖羊时作假让羊多喝水,好增加重量多卖钱。由于孔了在任大司寇三年的时间中断狱公正,执法严明,那些搞假冒伪劣商品的人在鲁国没法呆下去,都离开了鲁国,如一向胡作非为的"慎溃氏逾境而徙"。历史上还有很多这类孔子审理案件的故事。孔子作为一个大法官,肯定有自己独特的法律思想,具体来讲,孔子对法律是怎样看的呢?也就是说儒家对法律持什么样的看法呢?大家可能都读过孔子的书,知道孔子有个很经典的说法:"听讼,吾犹人也,必也使无讼乎!"孔子和所有的法官一样,在审理案件时"以事实为依据,以法律为准绳"。这就是《史记·孔子世家》所记载的孔子断案"文辞有可与人共者,弗独有也"。所以孔子办案和所有法官一样,没有什么区别,这叫"听讼犹人",但是,后面一句话就有区别了,"必也使无讼乎",孔子的最高理想是消除人类社会生活中的诉讼,人类社会不应有诉讼,有诉讼的社会不是一个好的社会,是一个出了问题的社会,是一个生了病的社会。一个健康的社会、好的社会是不应该有诉讼的。大家知道，社会中有纷争，有人侵犯了他人的利益，然后才出现诉讼。我想，孔子之所以是孔子，之所以是"至圣先师"，而不是一个一般意义上的法官，孔子后面这句话"必也使无讼乎"就是孔子作为圣人的根本标志，这句话体现了孔子的"无讼理想"与孔子对人类社会"太和"理想的追求。这是人类其他文明中的法官所没有的，其他文明中的法官只是一个专业的职业法官，专业的职业法官就像我们医院的医生一样，他要治社会的病，因为我们的社会已经生病了，但他们没有使社会不生病的理想，他们只是具体地就社会的病而治社会的病。从常识来说，从我们人类的理想和追求来说，当然，我们希望没有病的社会，希望"无讼的社会"。我相信，这是人类的共同理想，而不仅仅是孔子或儒家的理想，只是孔子为我们指出了这一理想。所以，我和朋友交流的时候，特别是和我们学法律与当法官的朋友交流的时候，我说，如果哪一天法官办公桌上到处布满灰尘，办案的法官失业，我们政法大学也不办了，那个时候就是社会最好的状态了，因为社会的诉讼减少了，纷争减少了。就像我们人类再也不生病了，不进医院了，不办医院了。孔子的理想就是要去追求最完美最理想的社会与世界，所以我们才说孔子不只是一个法官，更是一个伟大的圣人，是人类心灵最伟大的导师。我们国内有些法院把我国春秋战国时代的法家人物的像塑在法院，如商鞅、韩非、李斯，我看大有问题，因为不管从我国两千年来强调仁道的正统儒家思想来看，还是从现在强调权利的西方法律思想来看，法家都是应该被批判的，法家的学术思想和人物都是负面的，用今天流行的话来说，法家的思想都是为君主专制独裁服务的，都是压制人民自由和限制人民权利的。用儒家的话说是"刻薄寡恩，残仁害义"，用今天的法律术语说是"侵犯人权，违反人道"。把这样一些法家人物的像放到法院的大厅内，是文化理解上出了错误。这种文化理解上的错误或者说颠倒可以追溯到"五四"时代，现在仍然普遍存在，具体法院部门的人不知道，我们可以谅解。但是，我想哪一天，我国的大学，特别是我国专门教法律的政法大学，如果你们的学院门口塑了一尊孔子像，我相信具有中国文化特色的法律教育就开始了，因为孔子是大法官，是大法学教育家。但是，非常遗憾，今天我看你们学院门口没有塑孔子像，我希望你们哪一天，五年、十年以后，我有机会再来的时候，你们中国政法大学在校园里塑立了孔子像，那时你们大学才称得上是具有中国文化特色的中国的政法大学。

在中国历史上，儒家的文化性格既是理想主义的，同时又是现实主义的。我国古代的几大学派中，墨家是极端理想主义者，法家是极端现实主义者。极端理想主义者追求很高,要实现天志,要实现兼爱,要实现一个完全的绝对的理想社会;而法家则认为我们没有理想的社会可以追求,我们生存的是一个赤裸裸的利害欲望冲突的社会,我们只能按利益欲望行事。但是,儒家的文化性格与二者都不同,我们可以把儒家的文化性格归结为"理想的现实主义",或者"现实的理想主义"。我们大家都知道,儒家是"入世法",儒家要进入世间去从事治国平天下的社会政治活动,治国平天下除了从事行政管理活动外还要从事司法审判活动。古代的儒家人物往往既是行政长官又是司法长官,儒家人物因为长期从事具体的行政司法活动,所以非常清楚:现实的世界和理想的世界有很大的差距,在现实的世界中,我们不能没有法律,如果离开了法律就根本不可能建立基本的社会秩序,人类最基本的社会生活就不可能存在。所以孔子从来没有说过在现实的社会中不要法律。孔子自己就是法官,他对现实社会中的纷争状况、人与人的利益冲突非常了解,对人性的负面价值和人类的负面存在有非常深的体认,现实的世界是需要用法律来规范约束的。但是,孔子也非常清楚,治理一个国家,不能把法律作为根本,或者作为基础,不能提出"以法治国"的口号,如果一个国家治理社会以法律作为根本或基础的话,那么这样的社会永远不会有理想。用我的话说,这样的社会不会有"向上一机",用现在流行的话说,这样的社会只能是底线的社会。只有把国家的治理建立在道德的基础上,这样的社会才会有理想,有希望,才会有"向上一机",这是儒家的基本看法。从这个意义上来看,儒家文化是质疑西方法治的,是不接受西方的法治理念的。为什么不接受?因为西方的法治理念有很大的问题,如果我们按照儒家立场来看待西方的法治,西方的法治理念把治理国家的根本完全放在法律上,排斥了以道德来治理国家的最重要的功能。法治的基本含义是"法律至上"与"权利本位",这是把道德放在治国首位的儒家思想不能接受的。儒家的根本理念是"以德治国",是把人类普遍道德作为治理国家的根本,这一人类普遍道德就是我国圣贤义理之学中所体现出来的"常道""常理"。但是,儒家并不反对法律,而是把法律放在应该放的位置,法律在治理国家社会上只具有辅助道德的次要功能。所以儒家的治国之道是"德主刑辅",是"明刑弼教",法律只具有辅助教化的作用。从这个意义上说,儒家对法律还是很重视的。但是,我们看现在,由于中国受了西方一百多年法律文化的影响,跟着西方人把法治看成治国的根本,而放弃了传统的"以德治国"思想,现在仍然在拼命学西方,几乎所有的法律制度都是按西方的法律理念建立起来的。这种违背中国把道德放在治国首位的做法会带来问题,会大大降低一个社会的道德水准。为什么呢？我们前面说过，法治的基本特征之一是"权利本位"，或者说"权利首出"，权利的出发点是很低的，是为了维护每个人的利益。当然，追求权利，维护权利，你说该不该？当然该，当一个人的权利被他人或政府侵害时，当然应该维护被侵害者的权利。但是，西方文化把法治放在治国的首位，有其产生于基督教原罪观的深刻的人性基础，西方法治文化假定我们周围的每个人都是恶人，如果每个人遇到的人都是恶人的话，权利就非常重要，就必须放在治国的首位。为什么呢？因为每个人随时都可能侵犯我的利益，因此每个人随时都要用一个"盔甲"来保护自己的利益，所以法治社会中的人是天天穿着"权利盔甲"生活的人，一个人一辈子穿着"权利盔甲"生活，你说累不累！有时我举例，权利社会中的人的生活都被孙悟空的金箍棒画了一个圈，任何人都不能进入这个圈，都不能侵犯我的利益，其他的人也是如此，每个人都带着一个自我封闭的权利之圈生活。这样的社会是非常底线的社会，是人人自保自利的社会。用我的话来说，是西方没有"向上一机"的社会。没有"向上一机"是什么意思呢？是说西方社会没有道德上的理想和希望的可能性。用董仲舒的话来说，西方社会是"以义正人"的社会，而不是"以义正我"的社会。在这样的社会中，每个人都时刻提防着他人，每个人都只追求自己的权利,只保护自己的利益。如果我们人类永远都生活在这种每个人都画一个金箍棒圈来保护自己权利的社会,这样的法治社会是相当可悲的,是没有理想的,是没有希望的。孔子有一句名言:"导之以政,齐之以刑,民免而无耻;导之以德,齐之以礼,有耻且格。"如果用孔子的这段话来剖析西方的法治社会,西方的法治社会只能是"民免而无耻"的社会,即人们可以通过利害得失的理性计算与功利权衡而不犯法,但不知道犯法是不道德的,不感到犯法是一种耻辱,因为利害得失的理性计算与功利权衡已经将人的道德感破坏,人的心术已不正,人因此丧失了羞耻心。孔子最怕的是什么?是人的心术变坏,人的心术变坏后,人丧失了道德感与羞耻心,整个社会就没有办法从根本上治理好了。而西方的法治恰恰就是建立在使人丧失道德感与羞耻心之上的,是不能从道德上来治理社会的,即不能建立一个使人饱含道德感与羞耻心的"有耻且格"的理想社会。其实我并不是完全反对法治与权利,我只是说如果一个社会把法治与权利作为治国的根本或基础,不把道德放在治国的首位,就要出问题,最大的问题就是败坏人的心术,使人在理性的利害计算与功利权衡中丧失道德感与羞耻心。我认为这是儒家对西方法治的一个根本判断,因为今天时间有限,我就不展开说明了。

我要讲的第二个问题和民法大概有点关系了。我在读西方历史的过程中，发现了一个非常奇怪的现象：在西方的思想史中，在西方的政治法律制度史中，甚至在西方的宗教史中，民法的原则是西方历史的主导性原则。我们知道，民法调整的是物权或者说财产权，而民法的根本原则是"契约原则"，在西方文化中，"契约"是一个压倒一切并通行于所有领域的概念，是一个扩张性极强的"帝国主义概念"。我为什么这样说呢？我发现，西方的宗教讲人与上帝立约，通过契约规定"我有什么信仰义务，上帝有什么统治权利"。这是把民法的"契约原则"扩张到了宗教上，把人心灵深处的宗教信仰问题变成了一个契约问题，实在令人不可思议。另外，在政治上，国家是怎样产生的？西方近代以来的社会契约说就认为国家产生于契约，西方政治思想史家普遍认为西方民主政治在解决合法性问题时受到了民法的影响，因为"人民同意说"中的"同意"概念就产生于民法中的"契约原则"，因为"契约"正是平等主体"同意"的产物。这是民法的"契约原则"扩张到了政治领域。此外，世界上许多国家的宪法都规定了对私有财产的保护，许多国家的行政法规都规定了对市场交易秩序的维护，这是"公法以私法为基础"，是"私法的公法化"，其核心是把民法的原则贯穿在公法中，把民法的"契约原则"扩张到公法。还有,本该具有神圣性的婚姻关系和本该体现人类亲情的亲子关系在西方近代以来的历史中也变成了民法的契约关系,民法的"契约原则"扩张到了人类神圣亲密的婚姻家庭领域。至于经济领域就更不用说了,它本身就是靠契约来维持的,市场经济就是契约的天下。但是,我们知道,契约产生于人的理性在追求自己的利益时冷静而自私的精确计算,这种契约精神如果只存于市场交易中,问题不大,因为市场交易就是为了精确计算交易者双方的利益。也就是说,如果"契约原则"只是民法原则,"契约原则"就是正当原则。然而,正如我们所看到的那样,在西方文化的影响下,几乎人类所有的生活都民法化了,也就是说都契约化了。我们可以想见,如果一个社会完全契约化,人的宗教灵性生活、政治公共生活、婚姻家庭生活都契约化,那会多么危险!因为民法的"契约原则"完全是一种精确计算私利的原则,绝不能适用于人类的宗教信仰生活、政治公共生活与婚姻家庭生活。可是,现在的西方社会,以及受西方文化影响的非西方社会,包括正在学习西方的中国社会,都出现了不同程度的生活领域民法化、契约化的倾向。所以我们可以说,现在受西方文化影响的人类社会是"民法帝国主义"的社会,或者说"契约帝国主义"的社会。哈贝马斯说,受现代性支配的现代社会的最大问题是"生活世界的殖民化",这个"殖民化"就是民法的"契约原则"的殖民化，即我们所说的"生活世界的民法化、契约化"。我们现在人类所有的生活全被民法的"契约原则"入侵了，占领了，殖民了，这样好不好呢？我觉得很不好。为什么不好？因为"生活世界民法化、契约化"后，人类的一切生活都变成了运用理性精确计算私利的场所，人类宗教生活中的神圣性、公共生活中的无私道德交往以及建立在亲情上的家庭生活都一去不复返了。我们回过头来看看中国，传统中国建立在道德上的法律制度从来没有给予民法太高的地位，民法只在其应有的商业领域中发挥作用，所以在中国的传统社会，由于有道德来指导并规范民法，民法能"住其自位"，能"贞定其自性"，能在自己的领域充分地实现自己的价值而"证成其自身"，因而民法的"契约原则"不可能扩张到其他生活领域，不可能出现"生活世界的民法化、契约化"问题。究其原因，就是因为在中国传统的法律制度中道德是民法的基础，民法要受到道德的约束而不能扩张自己。中国文化的理想是《易经》所说的"各正性命，保合太和"，社会生活中的每一存在都能在自己特定的领域实现其特定的价值，同时又不侵占其他领域而同其他领域处于和谐状态，达到人类的"太和"理想。在西方偏至文化的影响下，不仅西方，受西方影响的人类已经"生活世界民法化、契约化"了，已经不能"各正性命,保合太和"了,在这样的人类困境下,中国文化的"太和"理想,以及中国传统建立在道德上的民法制度也许是化解这一困境的最好药方。因此,以道德作为中国民法的基础不仅是继承我国的民法传统,也是克治西方法治带来的"法弊"的解决方案。

西方人往往因为文化上有所蔽,看不到自己文化中的"法弊",而其他文化中的人往往无所蔽,能清楚看到西方文化中的"法弊"。比如,苏联的持不同政见者索尔仁尼琴到美国后,对美国的法治非常失望,他既不满意苏联建立在暴力上侵犯人权的极权制度,也不满意美国涵盖所有生活领域的法律制度,为什么呢?因为在苏联的极权制度中人与人之间的关系是一种恐惧自保的赤裸裸的权力关系,而在美国的法律制度下,人与人之间的关系则是一种自私的冷冰冰的理性计较的法律关系。这种冷冰冰的法律关系就是契约关系,契约关系就是"你的我不碰,我的你也不要碰"。如果我们人类的所有关系都变成这种契约关系,包括婚姻关系、家庭关系、朋友关系、师生关系、社会关系、治者与被治者的关系以及宗教关系、道德关系等都变成了这种冷冰冰的理性计较关系,那么人类的生活虽然有法律,有秩序,但一定是活在一个无情无爱的自私的冷漠世界。所以,索尔仁尼琴认为最好的人类关系是俄罗斯东正教社会中体现出来的温情脉脉的伦常关系,这有点像中国儒家所追求的"礼乐社会"中"民吾同胞"的人类道德情感关系。

说到这里,我们有必要搞清楚什么是中国文化。用梁漱溟先生的话来说,中国文化的最大特征是"人与人相与之情厚",就是说人和人在一起感情非常深厚,人与人都是在深厚的感情世界中交往与生活。人与人之间有各种意义上的关系,有亲子、夫妻、朋友、师生、治者与被治者(古代叫君民)、上下级(古代叫君臣)、同事以及士农工商等关系,这些关系虽然各自不同,有不同的相处之道,古代叫"名分",如父子有亲、君臣有义、夫妇有别、朋友有信等,但贯穿在其中的都是伦常关系,而伦常关系最大的特点则是人的道德情感的深厚联系,通过这种深厚的人类道德情感来稳固地长久地维系社会。这是中国文化的最大特色,中国文化不通过理性计较自私权利的方式维系社会,即不通过法治的方式维系社会,而是通过人类天然的道德情感维系社会,而人类天然的道德情感与理性计较相比,从来都不是自私的、冷冰冰的,而是无私的、温和的,像索尔仁尼琴所说的那样是温情脉脉的。这是中国"礼乐文化"与西方"法治文化"的最大区别。梁漱溟先生曾说过中国文化就是"礼乐文化",而"礼乐文化"的特征就是用人自然的道德情感来维系社会,就是"人与人相与之情厚"。现在,我们看到,西方社会已经出现了民法"契约原则"的帝国主义倾向,"生活世界的民法化、契约化"已经把契约的理性计较私利原则扩张到人类所有的生活领域,人类维系社会的天然道德情感已被逐出人类的生活世界,人变成了一个精于计算私利的冷漠的理性动物,人与人之间的关系变成了冷冰冰的法律权利关系。这不仅是今天西方社会的真实写照,也是一百年来中国不断学习西方在法律上日趋西化的真实写照。我们应该怎么办呢?我们现在的大学学的都是西方的法律,不能因为我们学法律、学民商法,就认为法律是个好东西,我们不能这样看,因为法律的存在是以社会有病为前提的,并且法律治病的方法不仅不能根绝社会的病痛(利益纷争),反而会降低人的道德水平,排斥人的道德情感,消解人类社会的情感联系,把人变成一个"民免而无耻"的只会用理性计较私利的权利动物。也就是说,我们不能因为学医,做一个医生给人医病,就认为人生病是件好事情。我们中国文化的理想是要建立一个没有病或者少生病的社会,这样的社会才是一个人的心灵能够接受的美好的社会。因此,我们中国法学院的学生就应该清醒认识到西方法治的弊病,并且承担起用中国文化克服西方法治弊病的使命。具体说来,我们就应当去克服西方近代以来"民法帝国主义"的倾向,把契约原则重新收回到民法领域,截断契约原则向人类生活世界扩张殖民之路。要实现这一目标，我认为应当回到中国文化来解决，这就是你们今天办这一"中国传统文化与中国民法典"论坛的目的。大家都很清楚，民法是法律，但是法律的基础是什么？法律的基础就是道德，没有道德，法律一天都不能存在，就算制定了非常完善的法律也不会起作用，为什么呢？比如你们学民法，民法讲契约，契约的根本是诚信，而诚信是每个人心中的道德，法律上的诚信首先建立在道德的诚信上，如果一个人在道德上没有诚信可言，合同就是一纸空文，契约就没有效力。所以法国保守主义者迈斯特说过，真正的法律不是用墨水写在纸上的，而是用道德写在人们心中的。我在深圳和企业家聊天，他们说，其实我们签合同的时候，都知道这是没有用的。我问，明明知道没有用，你为什么还要签呢？他说签合同只是一个法律形式而已，生意最后做得成做不成，最根本的还是签约者心中的诚信。如果他不守信用，不履行合约，你又有什么办法？所以孔子说："人而无信，不知其可也。大车无輗，小车无軏，其何以行之哉！"如果一个人没有信用，根本就不能在社会上立身行事，哪里还能做生意从事商业活动呢？所以我们说诚信是民法的基础，而诚信不是法律，是我们心中的道德。有了这个诚信的道德作基础，法律才有效力，契约才能履行。如果没有道德，民法制定得再多再细，也不会有作用。孙中山先生曾经说过,以前在南洋做生意的华人,从来不签合同,带个口信货就发过来了,或者款就寄过去了,非常有信用。如果一个人要求签合同,这个人就会被生意圈内的人看作异类,因为他的这一做法就是在质疑其他人的道德,是对其他人道德人品的不尊重,最后会从生意圈子中被淘汰出去。这说的是一百多年前的事,那时中国的传统文化和传统道德还存在。而现在不一样了,中国已经"礼崩乐坏,学绝道丧",中国文化崩溃了,中国人的道德全面滑坡了,现在是有了法律也不遵守,关键是作为法律基础的道德在人们心中已不存在了。所以,我的看法是:道德是法律的基础,如果我们要建立具有中国文化特色的民法制度的话,具有中国文化特色的民法制度的基础就是中国文化中所体现出来的传统道德。中国文化所体现出来的传统道德就是中国圣贤义理之学中所讲的"常理""常道",即仁、义、礼、智、信之类。人类没有抽象的道德,人类所有的道德都不能离开特定的历史文化传统。所以讲到道德,我们只能讲具体历史文化中的传统道德,比如西方人讲的道德是西方基督教文化传统中的基督教道德,穆斯林讲的道德是伊斯兰文化传统中的伊斯兰教道德,犹太人讲的道德是犹太教道德,印度人讲的道德是印度教道德。他们讲的道德都是他们历史文化中形成的传统道德,而我们中国人讲的道德就是存在于中国历史文化中的传统的儒家道德。所以，说到底，要建立具有中国文化特色的民法制度或民法典，就必须以儒家文化中所体现的传统道德作为中国民法制度或民法典的道德基础，或者说文化基础。

中国文化最大的特点就是讲道德，就是把道德作为治理国家的根本。如果我们今后的民法制度或者说法律制度能够以中国文化所体现的道德作为基础，我觉得这就实现了一百多年来中国知识分子的理想。因为一百多年来，由于落后就要挨打的救亡压力，我们的国家和社会都在拼命学西方，中国文化遇到了"两千年未有之大变局"的西方文化的挑战，中国的士大夫（知识分子）的理想就是"以中国文化为本位回应西方文化的挑战"。我们知道，清末张之洞在回应西方的时候，就提出了"中体西用"的口号，我们中国的"体"不能变，中国的"体"就是中国儒家文化中圣贤义理之学所讲的道德，"用"可以变，我们可以学西方的"用"来对抗西方。到康有为"戊戌变法"的时候，中国的"体"已经开始变化了，康有为借孔子的名义从事政治变革，主张学习西方建立西方的民主制度——君主立宪，康有为说"孔子改制"，结果改成的制是"西制"。所以当时有人批评康有为是"貌孔心夷，以夷变夏"，这不是没有道理的。到康有为的时候，儒家文化只是一个象征符号了，康有为变法的实际内容已经是西方文化了。到了孙中山进行民国革命的时候，中国文化已经成了工具性的东西了。孙中山"三民主义"中有"民族主义"，这个"民族主义"，按孙中山的解释是对中国现状有好处的，有什么好处？可以团结大众，共同抵御世界列强。在这里，中国文化已经不是指导社会国家的"体"了，而降为工具性的"用"（好处）了，中国的"体"已经是西方文化的自由民主的"体"了。民国革命以后，一直到现在，我们连中国文化都看不见了，都没有了，还有什么中国文化的"体"可言？现在的中国，铺天盖地都是西方文化的"体"和"用"了！你们看一看，大学里面有没有中国文化的"体"？社会上有没有中国文化的"体"？没有了，我们中国文化崩溃了、消亡了，我们中国已经成了西方文化的殖民地，已经在不知不觉中"以夷变夏"了！但是，我们中国人还有个梦，什么梦啊？我和一些法律界的朋友聊天的时候说，我们中国人不是"星期五"。"星期五"是什么意思？大家看过《鲁滨逊漂流记》，"星期五"是土人，他没有文化，所以鲁滨逊上到孤岛之后教他认字，把文化带给了他。我发现南亚的一些国家，如菲律宾等，还有非洲的一些国家，都在近代变成了基督教国家，他们是可以变的，为什么？因为他们的文化低于西方的文化，他们接受西方的文化改变自己的文化也许不失为一件好事。但是，我们中国文化和西方文化碰撞以前我们中国已经有了5000多年的文明史，如果从"伏羲画卦"开创文明算起，我们中国已经有6500年的文明史（科学家考证《易经》的历史已有6500年，这意味着中国的文明史已有6500年）。我们中国文明比西方文明的历史要早得多长得多，并且把道德放在首位也比西方文明优越得多，我们不可能被西方文化所同化和改变。在中国走向现代化的过程中，我们中国人一直有一个最大的愿望，有一个梦：我们既要走现代化的道路，同时我们又不能放弃我们自己的圣贤文化，我们要在现代化的过程中坚持我国圣贤文化所体现的道德理想不动摇。但是，非常遗憾，我们这一百多年来的历史就是不断放弃我们圣贤文化的历史，我们近代救亡的历史从"保国""保种"开始，是为了"保教"，但现在一百多年过去了，我们的"国"保了，"种"也保了，"教"却没有保住。什么是"教"？"教"就是我们的圣贤文化，我们中国成了世界上最独特的"无教"的国家！我们看一看，我们的国家哪里有"教"？哪里有源自伏羲尧舜禹汤文武周公孔子的圣贤文化？没有！一点也没有！但是，我们中国人还存在，我们的语言文字还没有被完全改变，只要我们中国人还没有在地球上消失，我们就还有历史文化的记忆，这种历史文化的记忆会在我们的生命中复活，会在我们的血脉中流淌，会在我们的思想中萌动。我们在一百多年学习西方现代化的过程中,虽然"以夷变夏",但这只是暂时的失忆,暂时的忘记,忘记了我们的历史,忘记了我们的文化,忘记了我们的圣贤义理之学是我们文化的根基,忘记了尧舜孔孟之道是我们治世治国的根本。但是,这没关系,我们只是暂时忘记,我们不会永远忘记。因为中国文化深深扎根于我们中国人生命深处的历史记忆中,中国人生命深处的历史记忆总有一天会觉醒。到我们历史记忆觉醒时,中华文化的伟大复兴就会真正出现。今天你们大学举办这个"中国传统文化与中国民法典"论坛,就是中国人历史文化记忆觉醒的先兆,这在五年前、十年前是不可思议的。五年前、十年前对法律的理解都是学西方、抄西方,都是在立法过程、司法实践中完全按照西方的这一套办事。现在已经出现契机了!虽然你们的王院长并不专门研究儒家,但是他有中国历史文化的记忆啊,他生命深处的历史文化记忆在召唤他,他才会举办这样一个具有中国文化特色的民法讲坛。总而言之,我们中国人有自己的文化,我们没有理由让我们的文化在我们这一代继续崩溃下去,我们没有理由等我们变成"星期五"后,再等待现在的鲁滨逊重新用西方文化来拯救我们。虽然我们中国已经被西方文化改变,不光我们的法律,还有我们的政治、经济、教育以至整个社会全都成了西方文化的殖民地。但是,西方文化唯一改变不了的是我们中国人的历史文化记忆，因为我们的历史文化记忆深藏在我们生命深处，一直在提醒我们：我们中国人不是文化上的"星期五"！因此，我们中国的知识分子就有一个历史文化的使命，我们虽然在学习西方的这一套法律，学习西方传过来的一套文明，但是我们一定要把我们学到的西方文明建构在我们中国文化的根基上。不管我们学会了西方文化的多少"用"，我们中国文化的"体"（尧舜孔孟圣贤文化的道德理想）永远也不能变。如果我们在我们文化的"体"上建立了具有中国文化特色的法律制度、政治制度、经济制度、文化教育制度等，并且运转非常成功，到那时，我们的同学们才可以堂堂正正地说，我们没有愧对我们的古圣先贤，我们的文化在我们这一代得到了继承和发扬。到那时，我们才能无愧于我们中国士大夫的理想。什么理想？张横渠的"四句教"："为天地立心，为生民立命，为往圣继绝学，为万世开太平。"今天讲这些，虽然是给具体的民法典提意见，但也是在讲中国文化的大问题，中国现在的所有问题都离不开中国文化的大问题。用《易经》的话来说，今天你们举办这个讲坛已经展示中国文化的复兴已是"一阳来复"。"一阳来复"的意思是阳气非常微弱，但阳气毕竟已经回来了，中国文化的生命毕竟开始复苏了。只要一阳已经来复，中国文化纯阳用九大化流行的那一天就不会太远了。

梁治平：

非常感谢中国政法大学民商经济法学院王卫国院长给了我这样一个同各位老师和同学一起交流的机会。

当初王院长请我来的时候，我觉得自己不是民商法方面的专家，来参加这个论坛和大家讨论民法典问题是不合适的，但是王院长抬出了老同学蒋庆。蒋庆先生千里迢迢来了，我怎么好拒绝呢。不过坦白说，来之前我并不知道应该讲些什么。刚才我一直在想我应该扮演什么样的角色。听了前面的介绍我有点明白了。蒋庆先生是学法律后来出了法律的圈子。我是学法律但是停留在法律的边缘，王院长一直是在法律的中心。他和蒋庆是两个极端，需要我来沟通一下，这就是我要扮演的角色。现在就让我试着来沟通一下。

蒋庆先生最近写了一篇文章，题目是《王道政治与当今中国政治的发展方向》。这篇文章写得很有趣，凝聚了他多年来关于政治发展的思考。他的思考主要是在宪制层面上展开，因此也同法律有关。现在我非常简短地把他的主要观点复述一下，如果不对的话，作者本人在场，就请他纠正。

蒋庆先生的王道政治是讲政治合法性问题。这个合法性有三个维度：第一维是"天"，讲超验的、神圣的合法性；第二维是"地"，指历史和文化；第三维是"人"，即人心、民意，我们讲的民主政治就是这一维。他把这三个方面的合法性资源，看成是中国传统政治智慧中很重要、很根本的东西，概括就叫作"王道政治"。我想就从他的王道政治说起。

王道政治关注的主要是公法领域，这和私法有没有关系？和民商法有没有关系？我试着引申一下。

王道政治的讲法让我想到20世纪20—30年代民国民法典的制定。回过头来看，那是一个很重要也很伟大的法律创制时代。那个时代集聚了很多英才，他们投入了大量智慧来做法律移植工作，包括创立民法典，我想很多民商法律家会同意这个看法。这部民法典，不管人们怎么评价，现在仍然适用于中国台湾地区，而中国台湾地区的民商法学说与实践，对今天大陆的民商法学和民商法的发展都有一定影响，这也是有目共睹的。这里我想说的是，当年制定民法典，当时的立法院院长胡汉民在对民法典草案做的说明里就多次提到"王道"，他认为中国当时的民法典就体现了王道精神。那么这个"王道"是什么呢？它又具体表现在哪些地方？简单地说，讲王道就是要强调和持守中国传统文化里的一些基本价值，比如对民生的重视，对弱者的关怀，对各种社会价值的维护,用当时流行的说法,就是要坚持"社会本位"而不是"个人本位"。当然,主张社会本位,特别是要从所谓个人本位转移到社会本位上去,当时被认为是最新的世界潮流,是法学上的最新发展,并不是从中国传统里面出来的。但是,当时中国的立法者们却以一种文化的自觉,想要通过自己的选择和取舍,把继承与学习、回归与开新、保守与借鉴结合在一起,实现西方现代法律体系和中国文化传统价值理念的融合。这种努力有没有成功,当然可以讨论,但是不管怎么样,当时人的尝试在今天看来还是有意义的,他们提出的问题和走过的道路尤其值得今天从事民法典教学和研究更不用说制定工作的人回味和思考。

中国当代民法和民法典的发展实际上是100多年来法典化发展的一个环节,同半个世纪以前民法的移植、建立和民法学的发展有很深的关系,所以我们想回过头来看,这个过程是怎么回事,有什么经验教训。我们注意到,这些年围绕民法典有很多争论。今天在座的老师就有不少参与了这些争论。民法典应该采用什么体系,采纳什么学说,使用哪些概念,甚至是不是应该制定民法典,都有争论。实际上,在许多已经有了民法典的国家,历史上也曾经有过各种争论。大家都知道,《德国民法典》制定时有非常著名的论战。日本也是如此。后来美国的一些城市比如纽约也有要不要法典化的争论(我这里讲的是大陆法意义上的法典化)。这些争论涉及一些基本问题,比如说法律到底是什么? 法律是不是我们现在一般所认为的用于国家治理的一套规则体系? 或者,法律比这个规则体系更大更宽泛? 这样的法律是怎么产生的? 是不是一个立法机构,不管它叫什么,经过某种程序通过的东西就是法律,而且这种法律还是唯一的? 法律到底是怎样产生的? 法律是不是和一个民族的历史文化有关呢? 按照我们都知道的历史法学派学者的观点,法律就像语言一样,是这个民族历史文化的一种表达。此外,法律社会学家就认为,在继承法、亲属法、契约法这些法律产生以前,社会早已经有了管理和安排继承事务、亲属关系和契约的规范和规则,自有一套秩序,后来的制定法不过是把这些社会上已经存在的规范、规则和秩序正规化、系统化、学理化了。如果这些看法确实凿有实据,那么我们在制定民法典的时候,是不是应该尊重既有的社会秩序,了解我们的历史和文化,而不是简单照搬各种学说、照抄各国法律呢?

世界上很多国家,比如西班牙、德国、法国,他们在制定法典的时候都大量吸收各自历史文化和社会的内容。德国就不用说了,即便《法国民法典》的制定也不例外。当时负责起草民法典的四个法律家,或者本人就是律师,或者是对实务非常了解的法学教授。其中两个来自习惯法盛行的北方地区，两个来自通行罗马法的南方地区。他们都有大量的实践经验，他们起草的法典体现了妥协和融合的精神。即使这样，法典化形式还是遭到很多批评。19 世纪很多国家都制订了民法典，但这些法典能不能很好地发挥作用，调整社会生活，同时适应社会生活的变化，一直是人们关心的问题。毕竟，法律渊源于社会，法律的生命在社会之中。这就是为什么，民法典制定过程中通常都会有对本国民事法和相关社会惯习的调查和研究，有的时候这个过程还旷日持久。《德国民法典》的制定就是这样。后来的法律移植国家，比如日本和中国，虽然都急功近利，但也都经过这个过程。《日本民法典》的制定始于 1870 年，到 1892、1896 年才有结果，前后经过了 20 多年，中间也有大规模的习惯调查。在中国，清末开始修立民律，当时曾设立专门机构，甚至皇帝颁发敕令，要求进行各省的民商事习惯调查。后来清朝覆亡了，民商事习惯调查却没有中断。我们现在看到的《民商事习惯调查报告录》就是那个年代留下来的。

　　总之，立法之所以要尊重既有的社会生活秩序，就是因为法律只是社会的一个部分，法律的内容应该与一个社会的精神状态和物质条件相适应，而后面这些东西也是经由特定的历史文化形成的。能够反映一个社会精神状态和物质条件的法律不但有更高的合法性，而且具有更坚实的基础，便于实施和被人接受，从而具有更强的效力。尤其像民法这样的制度，同社会生活的关系最密切，它的成败也最容易受到社会影响。

刚才蒋庆先生讲到道德、法律、传统文化之间的关系，我想在这里补充一个很小的例子，通过这个例子来看这种关系。

如果同韩国、日本等一些东方国家比较的话，我们会发现，中国今天的法律和自己的传统离得最远。经过大半个世纪的以反传统相号召的激进革命，法律里传统文化价值的痕迹已很少。但也有例外，这个例外就是在家事法律方面关于赡养的规定。这个规定比较特别，因为官方给的理由经常提到：赡养是中国传统美德。也就是说，我们的法律也有反映和维护传统文化价值的功能。不过在这个问题上，我发现了一个很有意思的现象。前几年，赡养案件在民事诉讼中的比例升得很快（这几年的情况我不了解，估计只会上升不会下降）。很多县级法院、派出法庭处理的案件大多是赡养案件。也许社会学家应该去做社会调查，一个村庄里有多少老人有赡养问题，最后有多少到法院去了，又有多少法院能解决。我看到过一个比较简单但很典型的案子：有一个老汉有三个儿子，老汉年纪大了，就按传统方式轮流到三个儿子家住和吃饭。后来他和大儿子闹翻了，矛盾解决不了，只好到法庭去告状。司法助理员帮他写了诉状，法院维护他的利益，让他这个儿子每月交钱若干。当然，他因此也不可能再到这个儿子家住了。大儿子每月通过中间人把钱交给老汉，面都不见，他觉得这样很好。但是另外两个儿子就觉得不公平：为什么他就可以交钱了事，我们还要接老汉来吃住？这里面有个非常尴尬的事情。我们能不能说法律不好？不能。如果矛盾出现了，法律帮助老人解决了最基本的需要，怎么能说法律不好。实际上，处理案件的人都认为这个案件处理得很圆满。但是从老人的角度看就不是这样。老人并不满意，他觉得自己晚年凄凉，没有人来看他、关心他。那么在这个案子里，法律要维护的中国传统美德究竟是不是实现了呢？我们都知道，赡养关系涉及两个重要概念，一个是"孝"，一个是"养"。有饭吃，有房住，这就算是有所"养"吧。但是"孝"呢？过去人常把孝和养放在一起，叫作"孝养"，但我们今天的法律最多只能解决"养"的问题，却解决不了"孝"的问题。它不但解决不了"孝"的问题，而且因为把这两件事分开了，它还把只"养"不"孝"的行为合法化了。结果，原本是温情脉脉的父子关系、赡养关系，变成了只有金钱没有感情的冷冰冰的协议关系。这个事例大概可以为蒋庆先生前面对契约问题的分析做一个注脚。不过要更好地理解这个问题,我们还需要多说几句。

赡养的法律想要维护中国传统美德,实际上却无能为力,甚至相反,还造成一种无德的局面,这种情形颇具讽刺意味。其原因,当然跟法律的性质和作用有关,除了这一点,中国社会近半个世纪以来的变化也是一个主要原因。关于这一点,社会学家有很详尽的分析。大体上说,20世纪尤其是1949年以来的社会变迁导致传统家庭解体,社会结构和代际关系发生极大的变化,再加上后来市场进程席卷整个社会,家庭和代际关系进一步改变,经济支配权从老年人转移到年轻一代手里,老年人也不再享有他们以前所有的尊敬和服从,这种情况,再加上社会道德水平的大幅下降,就使得赡养案件显著地增加。在这种情况下,法律要维护传统美德的任务注定是无法完成的,因为像孝道和孝养这类家庭美德,必须在一个适宜的社会环境里才能够养成,而这个环境涉及许多因素,包括道德的、习俗的、家庭的、社会结构的等等,法律只是其中的一个部分,它要和其他部分共同发用、协调一致,才能最好地发挥作用。

上面讲立法,讲法律的渊源、法律的效力、法律和社会的关系,都是一般而论,适用于所有的法律,包括民事方面的法律。现在可以用一点时间专门谈谈时下炒得很热的民法典问题。我不是民法专家,可能要讲外行话,说错了请方家指正。

19世纪民法典运动或者一般地说法典运动,基于当时特定的历史社会原因,有其特定的条件和功能。那么,今天中国社会处在什么样的历史阶段?法律是不是还有那样的功能和意义?我们有没有很好的知识积累和智识准备去制定一个在逻辑上、体系上非常成熟的法典?在像中国这样一个迅速转变的社会,一个在政治生活、经济生活和社会生活各方面每天都在发生着迅速变化的社会,有无可能制定一部有望垂范百年的法典?尤其是,我们对自己所在的社会了解多少?最令人惊讶的是,在面对和着手这样一个宏伟同时也极其艰难的工程时,居然没有人再去做诸如各省民商事习惯调查这类事情。有人说现在社会变化这么大,传统的秩序早就不存在了,所有旧事物都被改造了,还有这些东西吗?我的回答是:有,尽管形式可能不同。有个秘鲁的经济学家叫德·索托(de Soto),他写了一本书叫《资本之谜》,他在这本书里讲了一些非常有意思的东西。他问为什么有些国家穷,有些国家富,秘密何在?是不是因为富的国家财产特别多,穷的地方财产特别少?他去了很多国家,有专门的调查,他发现那些穷国比如埃及、印度,其民间资产如果累计起来,数字是非常惊人的。但是这些财产不能转化成为让一个国家富强的资本。他用的是"资本"这个词,资本的表达和法律的关系非常密切。他做了大量的研究，简单地说，他认为社会里面存在着一套财产秩序，存在着一套社会学意义上的法律秩序，但这种秩序不被认识、不被承认，官方的法律高高在上，与民间的财产和法律秩序完全脱节，以致大量的财产处于浪费状态。财产不能登记，不能被合法化，不能转化为资本，不能够抵押，转让时也会有很大的风险，巨大的潜能无法发挥出来。而一个富强的国家之所以富，就是因为有一套制度能够有效地利用这部分资产，把它们变成资本。这种观点很有见地。其实我们也可以发现，中国社会里也存在大量不受法律承认的资产，也有实际存在但没有被国家法律认可的秩序。刚才蒋先生举了个例子说为什么企业家订了合同但并不打算严格按合同办事。他是从诚信的角度谈这个问题的。我相信那些企业家对怎么处理他们之间的关系会有很多自己的规则，如果这些规则没有被遵守，他们也会用一套办法去解决问题。此外还有很多民间的财产和交易形式，也没有被法律所认可，比如"小产权"名目下的各种财产和交易，它们数量庞大，在实际的社会生活中也很重要，但是遇到纠纷，法律不会提供救济途径。如果我们对这些东西毫无了解，闭门造车造出个民法典来，这样的法典有生命力吗？这样的法律能够很好地实施吗？这样做会不会使法律和社会变成两个不太相关的东西甚至是格格不入的东西,反而成为经济发展和法律发展的障碍?有一些法学家很自豪地说,我们现在有多少多少部世界上第一流的民法典可以参考,我们可以制定一部理论上和逻辑上完美的民法典。他们也许能做到这一点,这也是学者的专长。但我觉得只是制定出逻辑上完美的民法典是不够的,有时甚至是危险的。因为法律是要实施的,立法和司法根本上都是实践性极强的事业,立法者必须考虑现实性,必须考虑法律对社会的实际影响,考虑法律在实际的社会生活中能够和应该发挥的作用,因此,他们必须有强烈的现实感,有充分的文化意识和历史责任感。我们也可以从这样的角度去理解法律与传统、法律与社会、法律与文化价值的关系问题。

王卫国:

我今天来的主要目的是陪同这两位先生,同时作为一个民法学者,面对一个儒学家和一个法文化学家,作一个回应。

中国人都有一个普遍的文化焦虑:我们正处在这个制度转型、文化转型时期,形成了一种文化冲突的局面。在我们不断地引进西方的时候,我们始终割舍不下我们的文化传统。我1989年出国,1992年回国,在瑞典留学期间读了不少儒学的书。当我生活在西方文化世界里的时候，我意外地发现，乌普萨拉小城的图书馆里面居然有儒学的书。据说是当地的一个老华侨去世了，他的后人就把书捐给了城市图书馆。我有幸在这个地方看了不少儒家的书。当时我内心有一种非常强烈的感动，我思考了很多问题。在我出国之前，我也参与当时法学界关于法文化问题的讨论。当时梁治平先生写了一篇文章，我对他的观点不太赞同。现在看我们的观点已经趋于一致了。我在乌普萨拉大学作的第一个学术报告就是《中国传统法文化的结构-功能特性》。当地法学院的一个教授听后非常感慨，他觉得中国的法文化中包含了非常伟大的智慧。他说，西方法律把人变得越来越坏、越来越狡滑。这大概就是老子"法令滋彰，盗贼多有"的思想。实际上那位教授的话，验证了老子的这句话。刚才两位先生也提到了这样一个概念：光靠法律可能把人变得越来越坏、越来越狡猾。乌普萨拉的那位教授告诉我，他们那里违法者与立法者、执法者之间是一种智力竞赛，这始终让人很困惑，解决不了这个问题。我当时讲，中国儒家的治理思想有一条"律心优于律行"，如果你在内心对道德准则有自觉的认同以至自律的话，不需要通过法律就可解决，如果你对法律不认同，你把你的道德水准只建立在趋利避害的动物性的基础上的话，那么你就有无数的动机、无数的机会去规避法律，违反法律。现在的法律始终是建立在趋利避害的动物人的基础上，没有一个道德人的概念。我们始终没有把道德放在法律的层面上，也没有去考虑法律实施的道德层面。这是一个很大的困惑。

现在我们的社会法律不断制定，法律职业者的人数在不断地增加，法学院的学生每年都在扩招，法学教师也越来越多。可是我们面临的仍然是一个礼崩乐坏的社会。比如我们的一些法律职业者正在变得越来越"坏"。这个问题出在哪里？这是一个很深的文化焦虑。长期以来有人说，问题就出在你们引进了西方的法律，尤其是引进了西方的民法。这样，民法就成了一个万恶之源。还有一些学者始终对中国的传统文化持一种拒绝的态度，他们始终认为在中国的现代化过程中，不能不引进西方的法治；而要引进西方的法治，要走向现代化，就不能不摒弃中国的传统文化。为什么呢？因为它们是不兼容的。这种不兼容性就充分地表现在中国的传统法文化是义务本位，而民法是权利本位；中国的传统法文化是团体本位，而民法是个人本位，所以说中华文化和现代化是不兼容的。长期以来，人们在这里有很大的困惑。蒋庆先生来北京以后，前天我们一起聊了一会儿。昨晚我夜不能寐，顿悟，原来我们有三大误解。解不开的原因就是这三大误解。第一个误解就是对中华文化的误解，认为作为中华文化代表的儒家思想是压制个性、泯灭创造的罪恶根源。第二个误解是对西方文化的误解,认为西方文化是代表人性解放、个人自由的福音。第三个误解是对现代化的误解,认为现代化就是金银满钵、锦衣玉食。如果再概括一下,那就是:中华文化是集体主义和专制主义,西方文化是个人主义和自由主义,现代化是功利主义和福利主义。

关于第一个误解,刚才蒋庆先生已经回答了,而且我们每个人都可以回答。关键是我们要用心去读我们的圣贤书。最近蒋庆先生经过他的辛勤劳动,为我们的下一代编了一套儿童读经的书,叫作《中华文化经典基础教育诵本》,高等教育出版社出版,一共十二本。我问蒋庆先生要了一套。我要把这套书给我儿子读,而且我自己也要读。为什么?我说,我们每个人要像儿童一样读经。因为儿童没有任何功利心,没有任何杂念。我们要怀着一颗童心去读经。我们一定能认识到中华文化的伟大、丰富和博大精深。我想我不用再多说了。蒋庆先生待会儿还会进一步向大家诠释什么是中华文化,中华文化是不是压制个性、泯灭创造的祸害根源。

关于第三种误解,我想梁治平先生最有发言权。我们将来还有很多机会来进一步讨论什么是现代化以及现代化的价值体现是什么。在 20 世纪 80 年代的时候,至少在知识分子的圈子里面,有些人曾经怀疑过现代化的决策、目标会不会有问题，现在仍然是可以考虑的问题，在这个地方我只想强调一句：一个道德沦丧的民族不可能走向未来，享乐主义的太平盛世是亡国之先兆。罗马帝国的覆亡就是一个历史的鉴证。

在这个地方我主要想澄清的是第二种误解——对西方文化特别是对西方民法的误解。我们要唤醒一种记忆，唤醒对民法的记忆。我想起我们当年在大学的时候，曾经被唤醒过对马克思的记忆，对青年马克思的记忆。当时蒋庆同学写过一篇轰动一时的文章，叫作《回到马克思》，里面有一句非常著名的话，叫作"真马克思被假马克思推下了万丈深渊"。现在我想说的话就是"真民法被假民法推下了万丈深渊"。在这里我提出两个问题。让我们集中到民法原则，先直接聚焦近代民法的三大原则——绝对所有权、契约自由、过错责任。近代民法的三大原则是不是代表了民法的传统和方向？这是我要提出的第一个问题。第二个问题，什么是现代民法特别是中国民法应有的基本原则？

我先说说第一个问题，我们再回顾一下历史。我认为我把真民法提出来后，蒋庆先生一定不会说我们是民法帝国主义了。我们知道，在古罗马有三部传世的法学著作：《论共和国》《论法律》和《论义务》。它们被誉为罗马法灵魂的三部不朽著作。意大利著名的罗马法学家桑德罗·斯奇巴尼教授告诉我们："其中，前两部作品是涉及政治特别是法律的，第三部作品则是有关道德的——但是，三部作品却显示出内在的本质联系，并且如同罗马社会自身一样，这些代表法律和道德特征的主题几乎不分彼此地融合在一起。"共和国、法律、义务和道德融合在一起，这是真实的罗马法。我的体会是，罗马民法的本质不是权利本位，而是义务本位，而且罗马法和中国古代法一样是属于伦理法的。斯奇巴尼教授还有一段话，我给大家念一遍，他说："西塞罗称之为德性之首的那种智慧是关于神界和人间事物的知识，这里包括天神和凡人的关系和人们之间的社会联系；如果这一德性是最伟大的，正如实际存在的那样，那么必然是：从社会生活产生的义务也是最伟大的。应该把源于公正的义务置于科学研究和源于知识的义务之上，因为源于公正的义务关系到人们的利益，对人来说没有什么比这种利益更重要的了。"义务是人们最重要的利益。罗马法关于义务和行为准则的许许多多的充满智慧的创作，都体现了法律对社会道德的积极回应。比如说，过错责任原则就是罗马人最伟大的创举之一。在罗马时代，过错责任的含义是"有过错即有责任"。在当时，过错实际上是一种对行为进行道德评价的工具。它满足了一种需求，那就是用法律来彰显道德理念。那么不用我多说，这种价值取向和对法律功能的理解与古代中国法是不谋而合的。

我认为,所谓近代民法的个人主义和自由主义的指导思想和绝对所有权、契约自由、过错责任三大原则,存在对罗马法文化精神的某种曲解和偏离。比如说到了近代,过错责任原则被定义为"无过错即无责任",于是过错成了一种风险分配的工具,而它所服从的目标是一种效率优先的功利要求。这种偏离罗马法精神的过错原则正是19世纪以后20世纪初侵权法危机的主观原因。

至于绝对所有权和契约自由这两个原则所导致的制度性偏差和民法危机,以及随之而来的民法社会化运动和经济法现象,我想这都是我们法律人、法学人众所周知的知识,我不需要再具体地列举了。

总而言之,近代民法对罗马法精神乃至整个民法精神的曲解,一言以蔽之,就是极端的私权本位主义。它对民法造成的最大的困惑就是权利滥用和权利冲突。

权利的本义,应该是在法律的范围内享受利益。这种法律范围的基本依据,概括地说,就是正义。什么是正义?用乌尔比安的话说,就是"人人各得其所的永恒意志"。权利不仅是权利人利益和自由的依据,而且是对相对人义务的依据。以权利来规定义务,包含着一个基本的规范命令:每一个人应当克制自己以便与他人友好相处、和谐共存。我想这与孔子"克己复礼,天下归仁"

的思想是不谋而合的。

所谓权利滥用，就是超出法律的范围谋取利益。权利滥用导致了权利冲突，权利冲突又导致了社会危机，进而导致民法危机。这种民法危机的突出表现，就是公权力侵入私法领域，即所谓国家干预民事生活的"经济法现象"。而国家干预的泛滥又导致政府权力的膨胀和腐败的滋生。事实证明，用国家干预来填补民法的道德空缺，无异于饮鸩止渴。

那么，什么是现代民法，特别是中国民法应有的基本原则？

我认为民法有三大道德支柱：第一是公平正义；第二是公序良俗，即公共秩序、善良风俗；第三是诚实信用。公平正义代表着一种基于人类本性而无需证明的终极价值和永恒意志。公序良俗代表着一种和谐美满的团体秩序。诚实信用代表着归仁向善的个人德行。

与公平正义相对立的是偏私邪恶；极端个人主义是偏私邪恶之源。与公序良俗相对立的是恣意妄为；绝对私权主义是恣意妄为之源。与诚实信用相对立的是欺诈背信；绝对自由主义是欺诈背信之源。

所以，现代民法的发展方向，就是重新树立公平正义、公序良俗和诚实信用的基本原则，也就是恢复民法所固有的、应有的和不可或缺的道德追求、道德理念和道德力量。而解决权利滥用和权利冲突,从而实现民法振兴的根本出路,在于围绕公平正义、公序良俗和诚实信用这三大原则重建民法的基本精神,以及这种精神指导下的民法制度。

未来中国民法的任务,应当是在充分吸收、整合中国传统文化和人类文明成果的基础上,将终极价值、团体秩序和个人德行熔于一炉,锻造出理想社会的族群人格和个人人格。这样的法律,是一切以公权力为基础的部门法(如行政法、经济法)所无法替代的。

我们之所以需要民法的法典化,在我看来,是因为我们需要一个将上述精神贯彻始终的法律体系。这种体系化的目的就是要将有关族群存在与个体存在的基本规则在公平正义、公序良俗和诚实信用三大原则的基础上结成一个有机整体,而不是单纯追求一种外在美观的编排体例。

所以,从根本上说,当今中国民法典的首要任务不是体系搭建而是文化重建。中国民法典不仅应当是中国法治进步的伟大成果,而且应当是中华文明复兴的伟大成果。

李显冬:

刚才我们的三位西南学者中,蒋庆先生讲,他是走进了法学然后又走出来，他站到了儒学的角度对民法也罢、民法文化也罢进行了一种理性的评点。梁老师是一个走到了两个学科交叉的高峰之上的学者，他的冷静的思索激起了我们的思考。王老师作为我们民法领域的专家，他的一些精彩的论述不用我重述。现在他们的第一轮讲述之后，我想请我们的学者再来第二轮的思索，我想给蒋庆先生提一个问题，我自己多少对中国文化做过一点研究，我感觉到很多学者都说中国古代的民法其实就是礼法，我还知道一个消息，最近的司法考试中，从去年开始我们把中国法制史列入了职业入门考试中作为一门必考课，我想请我们的蒋庆先生结合这个小题目，但不限于题目，也就是你觉得中国法制史被列入中国职业入门考试中，它是一个好事情还是一个坏事情？

蒋庆：

把"中国法制史"列入职业入门考试中作为一门必考课，肯定是件好事，绝对是件好事。因为一个民族如果不知道他的历史，他肯定不知道他的今天，如果他不知道他的今天，他肯定不知道他的未来。具体到法律教育、法制史这一门课也是这样，我们要了解我们古代的法律理念与法律制度是什么，才能全面而深刻地了解我们现在的法律理念与法律制度是什么，因为我们现在的法律理念与法律制度都是从古代演变而来的。中国人是最重历史的,"观今宜鉴古",中国的史学与西方的史学不同,用陈寅恪先生的话来说,中国的史学具有为今天的生活"供借鉴"的功能。我们了解了历史,才知道我们文化的价值在什么地方,我们的政制与法制的成功与失败在什么地方,我们现在的文化与我们古代的文化的问题在什么地方,因而我们才能知道我们应该怎样看待历史与改革现实,怎样实现现代中国人流行的说法:制度创新。所以,具体到法制史这门课程也是这样。

实际上,我以前在西南政法学院是在法制史教研室任教,我不是教法制史,我教的是西方政治法律思想史。但是我觉得法制史非常重要,历史对一个国家、一个民族来说,永远是智慧之源,一个国家、一个民族如果忘记了自己的历史,这个国家就会衰亡,这个民族就会灭亡。古人曾说:亡国先亡史,由此可见一个民族的历史对这个民族多么重要! 所以我完全赞同考法制史,把它纳入司法考试中。十多年前,不少大学为了迎合现在的工商社会,把法制史和法律思想史全砍掉了,增加了一些技术性的法律学科,他们的理由是法制史这样的学科在现代工商社会没有用。当然法制史在现代公司和企业中确实没有用,你如果按法制史的那些知识去找工作你就找不到。但是要知道,法制史给我们的是历史的智慧,我们要做一个好法官，要了解什么是法律，最重要的不是法律知识，法律知识我们永远都学不完，最重要的是法律理念，而法律理念又是在法律的历史中形成的，集中体现了一个民族千百年来无数古圣先贤共同创造的智慧，是一个民族历史中无数先人的共识。我们的法律理念必须从法律历史的学习中获得，所以我赞成把"中国法制史"列入职业入门考试中作为一门必考课。

但是，我们的法制史也有问题，而且是很大的问题。什么问题？一百多年来，中国文化遇到的最大问题之一就是放弃了按照中国文化自己的义理架构与解释系统思考问题与解释问题的立场和原则。我曾经用了这样一句话来形容这一状况：中国文化的失思症。我们说，人的语言能力的丧失叫作失语，失语就是说不出话来，但说不出话还可以想，现在我们中国人是失思，连想都不会想了，不会按照我们中国文化自己的义理架构与解释系统来想问题了，我们中国人想问题时只能按照西方文化的义理架构与解释系统来想问题了。我们中国人对我们的历史、文化、学术、制度都丧失了独立思考的能力，我们真的在心灵深处"以夷变夏"了。你们反省一下，你们在思考问题的时候，你们的概念、原则、义理架构、解释系统、言说体系、评价标准，哪一个不是西方的？你们会不会、能不能按照中国文化的义理架构与解释系统来思考问题？

我想你们心中装满的都是西方的自由、民主、法治、权利、理性、进步、发展、现代等观念。我想现在的法制史大致和我读大学时所学的法制史差不多，完全是站在西方义理架构与解释系统的基础上来解释我们中国古代的法律制度。在西方义理架构的解释下，中国古代的法律制度横竖不对头，比如，"民刑不分，诸法合体"成了大问题，为什么？因为现代西方的法律制度是民刑二分诸法分离的，不分离就不对头，就不合理，就不先进，就必须批判改造。因为西方的法律制度是先进的，你和我不一样，你就是落后的，要不得的。又如，西方文化中法律和道德是分开的，中国古代的法律和道德不仅不分，而且道德是法律的基础，形成所谓"伦理法"，这又是落后，因为西方先进的所谓"现代性"标志是法律与道德的二分，法律独立于道德而存在。再如，中国的公法私法多存在于"礼"中，而"礼"的精神是"别异"，是相对于不同的等级而形成的"等差的公正"，这又不同于西方法律理性主义鼓吹的普遍而齐一的"形式的公正"，或者说"抽象的公正"，所以"礼"就成了封建的、落后的、压抑人性的、为奴隶主贵族与地主阶级服务的要不得的制度。前面我们说到，"亡国先亡史"，其实文字记载的史只要汉字存在就永远不会亡，"亡史"最关键的是亡掉本民族产生于自己历史的解释系统。中国一百多年来文字记载的史没有亡，亡的是中国文化对中国历史的解释系统。我们今天已经不会按照我们自己的文化解释我们自己的历史了,我们都是按照西方的文化来解释我们的历史,我们中国成了"西方的中国",我们中国的历史成了西方解释下的中国历史。悲莫大于一个民族不能用自己的文化解释自己的历史,自己的历史沦为其他文化的解释对象或材料。中国法制史课程也面临着这样的惨状,现在虽然受到重视而可喜,但不能摆脱被西方文化解释的命运而深深令人担忧。

事实上,任何历史、任何文化都不会是十全十美的,我们古代的历史文化肯定会有许多问题,但我们古代的制度有它自己的一套解释系统与评价体系则是没有疑问的,也就是李老师所说的我国古代的民法是在礼里面的。我们虽然没有在古代制定出一套完整而独立的民法典,但并不能说我们中国古代社会人与人在财产上的交往就没有规则。人与人的财产交往比国家产生还早,只要有人类存在财产交往关系就产生了,财产交往关系一产生就有规则了。但这个规则不是国家制定的民法典,而是社会交往中自发产生的"礼"。我们古代的"礼"就是民间自发形成的善良风俗。用社会中自然生成的"礼"来规范人的交往行为,管理成本非常低,反而国家制定的成文法典管理成本非常高。老百姓的日常生活都由民间社会的善良风俗来规范,何必还要国家制定的法律呢？另外,如果我们现在要重新编教材的话就要注意了,我们的法制史教材就应该用我们中国文化的义理架构和解释系统来解释我们中国的法律制度史,包括中国的法律思想史,这样我们才能真正理解、读懂我们自己古代的法律制度和法律思想。如果你永远戴着西方文化的有色眼镜去看中国历史的话,不仅横看竖看全不对,你看到的只能是西方文化本身,而不是真实的中国历史。梁漱溟先生说,中国文化是"礼乐的文化",整个中国文化都是按照礼乐的原则运作的,礼乐就是民间的善良风俗。中国古代的圣贤把它们搜集起来加以整理,赋予它们新的意义与新的力量,成为中国人的行为准则。这是一种在中国行之有效的非常好的制度,"以西方解释中国"看不见,只有"以中国解释中国"才看得见,梁漱溟先生"以中国解释中国",所以能看见。

下面,我还想回应一下王院长讲的问题,我觉得今天王院长讲得非常好,因为我不是民法专家,我也搞不清楚民法究竟需要什么道德原则,听了王院长的讲话后忽然明白起来,王院长讲的民法的三大道德支柱——公平正义、公序良俗、诚实信用——实际上就是儒家道德。为什么这样说呢？儒家讲"五常":仁、义、礼、智、信。什么叫作"常"？"常"就是永恒不变的绝对真理,"五常"就是五种永恒不变的绝对真理。我想刚才王院长说的民法的三大道德支柱正好就是儒家所讲的"五常"：公平正义是"义"，善良风俗是"礼"，诚实信用是"信"。你们王院长已经把儒家讲的"五常"中的"三常"作为民法的道德支柱了。如果现在民法典还没有制定，这就是一件非常好的事情，我们的机会来到了，我们为中国的民法典建立一个中国文化的根基的时候到了。以中国传统儒家的道德作为我们中国民法典的基础，如果我们中国人同意这一说法的话，我们制定民法的同仁们就需要进行儒家思想的启蒙了。我不知道民法典是怎样制定出来的，因为按照梁治平先生的说法，应该是在社会上收集善良风俗、收集民族的习惯，不过现在可能收不到了，我们的社会已经"礼崩乐坏"了，我们已经没有善良风俗了。不过，我们还有历史的记忆，还有"礼乐文化"的记忆，我们只有在唤醒我们的历史记忆中，去找寻我们民法典的文化根基与道德基础。我们前面已经说过，道德不是抽象的，所有道德都不能超越历史文化，都必须在特定的历史文化中存在。所以，我们说中国民法的道德基础，实际上是说以儒家文化作为中国民法典的道德基础，因为儒家文化体现的正是中华民族千百年来历史中形成的传统道德。希望你们把我的这个观点传递给民商法律界的朋友，他们在酝酿制定中国民法典时不要忘了以儒家道德作为中国民法典的基础,他们如果这样做了,我们才能说中国第一次建立了具有中国文化特色的民法制度。

李显冬:

再次对蒋先生精彩的论述表示感谢。

下面我想问一下梁老师。去年为了写博士论文,我选了一个与历史有关的题——《从大清民律草案到民国民法》。为了写这个题目,我读了梁老师很多东西。读的过程中,我发现了一个现象,我想当面向梁老师请教。很多学者讲,梁治平老师是坚决主张中国古代没有民法的学者。有的人是明明白白地写到了文章里,结果我读了梁老师大量的文章和专著以后,恰恰得出了相反的结论,我的论文中大量的论据都来自梁老师的专著,我用梁老师的论据一引申,就论证了中国古代有民法。我的问题很简单,梁老师您到底认为中国古代是有民法还是没有民法,能不能请梁老师给我们法大学子作一个明确的回答。

梁治平:

李教授的问题简明扼要,我的回答也可以非常简单:中国古代有民法,中国古代没有民法。这两个命题都成立。我现在稍稍解释一下。

在《寻求自然秩序中的和谐》这本书里面,我的结论很明确:中国古代没有民法,中国古代也不可能产生民法。如果我们从今天的讨论来理解,承认中国文化和西方文化是不同类型的文化,各有其价值,同时又把民法看作一种文化,把法律制度视为文化的一种体现,是一种历史文化的沉淀和表达,那么就很容易理解这个结论。当然这个结论还是要证明的。

我们看历史,西方自古罗马开始就有所谓公法和私法的区分,其中私法在其历史文化的形成和社会发展中尤为重要。私法通过罗马法复兴运动、罗马法继受运动和后来的民法典,发扬光大,蔚为大观,成为继罗马帝国征服世界和基督教征服世界之后再以法律征服世界的基础。这是一种很强的文明的力量。中国没有这种东西。我的看法是不同文化有不同的追求、不同的价值观,表现出来的制度建构也不一样。我反对的是那种对不同的文化和社会现象做各种表面和简单化比附的做法。有些制度可能在解决具体问题方面有相近的地方,比如说原则上社会不允许虐待囚犯,尽管中国古代有很多虐囚的事实,但是法律制度通常并不认为那是正当的。很少有哪个制度明文规定可以随便对待囚犯,也很少有一个文明完全不承认私有财产。当我们使用"文明"这个词的时候,就已经包含一些价值因素、秩序范式。问题是,在这个基础上的进一步发展就非常复杂了。

顺着这个思路，要问中国古代有没有民法，就要看中国古代法律所体现的价值。我们不能把民法仅仅理解为一套技术，技术后面是有价值体系的。蒋庆先生刚才说扩大司法考试范围把中国法制史列进去是个好事，我也同意，但是我更想强调他后面指出的那一点，也就是说，如果我们讲中国法制史不过是套用西方的理论，把它分为若干演进的历史阶段，又说人类共同经历了四个或者五个历史阶段，中国与西方的差别只是发展的先后不同。如果是这样的法制史，进不进司法考试其实无所谓。

那么应当怎样来看和讲中国法制史才算恰当？我想先指出一个事实。我们很可能没有意识到，我们从很小时牙牙学语开始，就生活在一个相当西方化的世界里，因为我们所学的现代汉语已经在形式和内容两个方面都被相当深刻地改造过，也就是蒋先生所说的我们已经忘记了我们的历史文化。当然我并不主张简单地回到那个历史文化，因为第一我们回不去了，第二也无此必要。如果今天你就"之""乎""者""也"，完全用文言写文章或者讲话，没有人能和你沟通，你完全不能谈话，也不能和其他学者交流。但这并不意味着我们应该不作任何反思或者思考。恰恰相反，如果今天的中国人能够意识到，我们的看法和思想方法受到种种限制，这些限制在我们没有意识到的时候,在我们还是孩子的时候就被种下了。如果我们能意识到这一点,并努力发掘潜在的能力,我们就会对中国传统文化有新的看法,就会尝试着用一种可以被理解的、可能沟通的、可以表达的、可能有创造性的方式来重新诠释中国法制史。做到了这一点,中国法制史列入司法考试就可能是有意义的。

回到刚才的问题,我说中国古代没有民法而且也缺乏民法生长的土壤,这是着眼于文化的和价值符号的层面。但在另外一个意义上,我又认为可以讨论中国古代的民法。古代社会生活中有买卖、有契约、有婚姻家庭、有财产继承、有土地的移转、有多种多样的交易形式,那么人们怎么处理这些关系,官府又怎么处理这些关系?这里有秩序,也有法律,实际上相当复杂。我们怎么去了解这种情形? 有人认为中国古代的民法在于礼。用礼来概括中国的民法可能有些简单化,其实它的表现形式很多也很复杂,关于这些我在《清代习惯法:社会与国家》那本书里有讨论。在这个意义上,可以说民法的资源是有的。也因为如此,在引进现代民法的时候,人们可以在中国传统社会里面找到一些有关联的东西。

讲到这里可以顺便提到我在《清代习惯法》那本书里的一个说法。我在讨论中国古代习惯和国家法的关系的时候,说它们之间有一种断裂。有人不大理解这句话,要求我解释"断裂"的含义。我们前面提到罗马法,我们知道罗马原来有万民法和市民法之别,市民法只适用于罗马市民,后来裁判官通过大量吸收外邦人的交易习惯,创造了所谓裁判官法,发展出万民法而最终取代了市民法。换言之,社会生活就是民法的创造源泉。在中国,我们看到民间有大量的习惯,但是似乎没有一个群体,无论是法学家还是地方官或者读书人,能够自觉地把民间的交往规范变成一种学理,叫作民法学说,并加以体系化。总之,他们不关心这个问题,他们更关心治国问题。只是在需要移植西方法律之后,他们才对在中国民间找到这些东西感兴趣。但是这也产生了一些问题。因为有时很难把中国民间的实践同外国法律的概念简单地联系起来。比如说"典"这个制度。典是中国社会非常重要的经济和法律制度,在民间有基础,在官方也有相应的制度,但是这种制度按现代民法就很难归类。有人说是用益物权,有人说是担保物权,有人说是混合物权。到底是什么,很难说。原因很简单,现代民法理论不是从中国的社会生活经验中总结出来的。

当然现在有一个问题,就是还有没有可以为民法学说提供养分的社会土壤。现代社会礼崩乐坏,要找善良风俗就比较困难。法学家到很边远的地方,到那些还没有被政治和经济污染的地方去采集善良风俗,还是可能的。我去年去了拉萨，那是个遥远的地方，虽然那个地方也已经被污染了，被非常严重地污染了，但还是保有某些纯朴。去大昭寺参观的时候，我就有一种负罪感。我们去的时候，发现有很多香客挤在那里，提着酥油壶，拿着酥油灯，他们中很多人是从青海藏区去的，千里迢迢，非常辛苦。他们可能很穷，他们终生的积蓄就是用来朝圣。他们围着寺庙转，去点酥油灯。而我是个旅游者，或者说是社会科学调查者，夹在这些人当中，有一种负罪感，觉得自己是个外来者，到了不该到的地方。和这些人在一起，你能感到他们的虔诚和纯朴。当然，民法不只是要采集善良风俗，还包括社会交往的规则，这种东西现在还有，就像我上面提到的情况。社会生活在发展，这些东西就不会消失。其实很多东西是人民共同创造的。在现实生活当中，这种东西被创造出来，理论家只是跟在后面提供一个比较合理的解释，还常常赶不上社会的发展变化。法学家也是这样。如果规则和秩序已经被创造出来，法学家却没有跟上，对它们缺乏了解，更没有提供很好的解释，这就是很大的问题了。

李显冬：

谢谢梁先生的答复。

我昨天刚从广西南宁回来，我去参加了广西大学法学院、武汉大学法学院召集的一个有关物权法的讨论,在这个会议上有人介绍,今年年底物权法草案将提交全国人民代表大会,到明年3月15日,全国人民代表大会就要通过《中华人民共和国物权法》。那么有些法学家就提出来了,物权法这种东西,它的民族性或者说受传统文化的影响很深。刚才梁老师谈到了典权制度,而大家都知道,典权制度在这部物权法中已经被确定下来了。所以我想问一下王老师,请您评价一下,有人说我国物权法的民族性很强,而关于债权法比如合同法,全欧洲甚至全世界都可以有一个共同的合同,那么物权法的民族性是不是比债权法突出?这个和我们今天讨论的传统文化与民法典有什么关系?

王卫国:

在这里我不愿用民族性这个词,我宁愿用本土性这个词。物权法,特别是土地物权的法律,是高度本土性的东西,因为它反映的是一个国家对它的土地等资源的分配所形成的格局,以及资源利用中体现的社会关系。不同的历史时期,资源利用的利益格局是不一样的,而它一定是本地的。所以,国际上从来没有制定也没有必要制定一部有关土地权利或者不动产物权的国际公约。我们知道有关于合同的国际公约,但是没有关于物权法的国际公约。英美法的土地制度、物权制度和德国法的土地制度、物权制度,相差非常大。哪怕是德国和法国,相差也很大。它们从没想过要统一。这是基本的情况。

我认为现在物权法存在的第一个问题,就是套用德国法的概念来界定我们现有的土地关系、物权关系。这是个很大的问题。中国的物权法上的许多制度是中国特有的社会历史条件的产物,套用德国概念的结果难免是"削足适履",要么曲解了人家的原意,要么扭曲了本土的现象。第二个问题是中国正处在变革的过程中,特别是像不动产这个制度,权利体系的发展还没有成型,这个时候来制定物权法,把现有的关系状况固定下来,下面的发展怎么办?比如,农村的集体土地所有权,是个问题很大的东西,是历史形成的一个怪物。我们希望将来把它改造过来。如果现在用法律把它固定下来,将来要改造起来可能就很困难。还有很多问题由于时间关系不能细讲了。我一直在研究土地权利的问题,这个可能大家也都知道,目前也正在和国土资源部进行合作,继续研究这方面的问题。我想,有关进一步的问题,将来还有机会再说。

关于中国传统文化在物权法制定中如何体现的问题,我想举两个例子。一个是当前正在酝酿的土地征用制度改革,含有一个基本的精神,就是保护弱者。保护弱者实质上是一个实现公平正义的问题。在征地问题上存在着城市与农村之间、开发商与农民之间的利益冲突。如何解决这个冲突？如果只讲功利、讲效率，当然是牺牲农村和农民来发展城市和工商业，这样最符合经济原则。但这种制度安排是不符合公平正义的。在效率与公平的价值选择上，我们中国人的选择应该是公平。第二个例子是耕地保护问题。耕地保护是土地法和物权法必须贯彻的一个基本政策。这个政策的目标就是保障中国的粮食安全和经济可持续发展，也就是族群生存的整体利益和长远利益。现在乱占耕地的现象非常严重，目前中央正在进行整治。在这个问题上，个人利益与整体利益、局部利益与全局利益之间存在着很大的分歧和冲突。如何解决？是整体利益优先还是个体利益优先？要不要对局部和个人的权利与自由进行必要的限制？按照中国传统文化的判断准则，按照公序良俗的原则，结论是显而易见的。我们立法过程中常常会碰到各种各样的利益冲突现象。除了按照公平正义、公序良俗和诚实信用的原则作出政策选择外，还常常需要进行不同利益、不同价值之间的妥协与协调。这就是中庸之道。中庸之道是儒家智慧宝库中最璀璨的瑰宝。这就是儒家五常中的"智"。而民法在立法目标和法律政策上体现出来的对人的关怀、对社会和谐的追求，就是"仁"。所以说，中国民法的三大基本原则,五常都可以包括。

提问:

我想问一下关于现代性的问题。现代社会需要大批量的格式化的契约,那么请问儒家的传统或者我们中国的传统,如何解决这么一个现代性的问题?

第二个问题是我们把时间定在清末,在清末我们的社会是没有受到浸染的,它是非常和谐或者温馨的社会,但是我们用现代化把它给破坏了。就像刚才老师所说的用经济或政治把它给污染了。这样一种秩序我们把它破坏了以后,在道德上到底有没有正当性?或者说到底我们过什么样的生活才是最好的、最令人满意的,是现在这样的生活还是以前那样的生活?

蒋庆:

第一个问题由梁治平先生来回答,我回答第二个问题。中国一百多年来所遇到的问题是中国两千年来从未遇到过的问题。这个问题是中国文化、中华民族或中国国家遇到的人类历史上最特殊、最奇怪的一种文化或者说一种挑战,这就是建立在所谓理性进步上的"社会达尔文主义"。中国的现代化是被诅咒的,是被西方帝国主义列强的"坚船利炮"逼出来的,是被西方建立的国际霸道规则卷进去的，是被"落后就要挨打"这一奇怪但又真实的强盗逻辑推着去学西方的。按中国人的本心是不愿意走现代化道路的，就像你刚才说的那样，中国人愿意过那种礼乐的、人与人"相与之情厚"的伦常生活，过那种与自然相亲相敬的万物一体的诗意的生活。但是，西方的霸道力量进来了，他要强迫你接受他的那一套强盗规则，那一套小人文化，如果你不接受的话，你仍然坚持你的圣贤道德、君子文化的话，你就会变成殖民地，最终会被灭掉。遇到这样大的问题怎么办？中国人从来没有遇到过，中国文化也从来没有遇到过，这个问题就引起了中国文化的巨大改变，这个改变就是放弃自己的圣贤道德与君子文化去学西方，逐渐丧失了自己的文化自性，使自己最终变成了西方（东方的西方），把自己的君子文化变成了小人文化，即接受了社会达尔文主义的规则。所以我说，中国的现代化是中华民族付出了改变自己文化自性的沉痛代价而获得的。你们也许会问，我们不学西方的这一套社会达尔文主义文化、不改变我们自己的文化自性行不行？我的回答是：不行！因为君子的文化打不赢强盗的文化，君子跟强盗去讲道德，去讲理，这有用吗？没用。强盗之所以是强盗就是因为强盗从来不讲道德不讲理，只讲拳头大有力量打人，而君子则是要讲道德要讲理。

在最初回应西方社会达尔文主义挑战的过程中，我们发现，日本和中国不一样。日本在明治维新后很快就学会了西方的这一套强盗规则，很快"脱亚入欧"，一跃成为"西方列强"，变成了与西方相比有过之而无不及的帝国主义国家，并且很快打败了强大的俄国，也打败了当时军事力量比日本强的中国。反观中国，学习西方的过程比日本早，但就是迟迟学不会西方的这一套强盗规则，学西方列强一直不见成效，为什么中国学西方这么艰难呢？原因在哪里？我想，这是因为中华民族在学习西方社会达尔文主义文化的过程中一直背着一个非常沉重的文化包袱，这个文化包袱就是我们几千年历史中经过无数圣贤教诲形成的君子文化，这一君子文化的核心就是道德。而日本在学习西方社会达尔文主义文化的过程中则没有这一君子文化的包袱，因而没有道德上的焦虑。另外，从日本历史来看，日本文化一向都是学习其他国家的，他要丢掉一种文化引进另一种文化没有文化心理上的太大障碍。具体说来，他要丢掉 1000 多年来学到的中国儒家君子文化完全接受西方的强盗文化没有太大的文化心理障碍，也没有太多的道德焦虑。但是，中国就不行了，中国文化就是儒家文化，而儒家文化是中国自本自根的文化，其核心内容就是做君子讲道德。要中国丢掉我们自本自根的君子文化，接受一个和中国文化格格不入的、不讲道德的强盗文化、小人文化,这个文化心理障碍之大,道德焦虑之深,大家可想而知。我们举个例子来说明中国人遇到社会达尔文主义时的君子包袱与道德焦虑。比如,中国人与日本人在战场中相遇,中国人先拿起枪瞄准对方,日本人也随即拿起枪瞄准对方,两人在对峙的时候,如果中国人没有君子文化的包袱与道德上的焦虑,他拿起枪不加思索地砰一下就把对方打倒了。但是,中国人拿起枪,开枪之前,他要去想一想,君子应不应该开枪,应不应该先开枪,开枪的道德理由在哪里,他在想的时候,还没想完,对方砰一枪,自己就被放倒了。回顾近代中国的历史,我们中国人在回应西方时背上非常沉重的道德文化包袱,使中国的现代化迟迟不能启动,启动后又一直落后于人。当然,最后中国人明白了,只有抛弃君子文化的包袱,消解道德上的焦虑,中国才能真正学会西方的这一套。中国近代以来一百多年的历史,可以说就是不断抛弃君子文化、消解道德焦虑的历史。特别是1949年以后,中国可以说完全没有了文化包袱,也不再焦虑传统的道德,即不再焦虑中国文化的"体",我们已经完全学会了西方的这一套,学会了以西方列强之道还治西方列强之身。并且,我们学西方还要超过西方(超英赶美),我们在朝鲜和美国打了个平手,我们造了原子弹,我们搞人造卫星上天,我们发展国防高科技,我们加强国家综合国力，这些都是在学西方。虽然我们现在与西方还有不小距离，但我们距最终变成西方已经不远了。一百多年来我们不断学习西方，不断放弃我们中国的圣贤之道与君子文化，当我们学西方学得越来越像、越来越好的时候，就出现了两个问题：一是我们比西方还西方，因为我们用了西方的逻辑，接受了西方的规则，我们有"落后就要挨打"的压力，我们拼命地不顾一切地希望早日学成西方而反抗西方，所以我们就可以学得比西方还要西方。现在我们在没有文化包袱与道德焦虑的状态下按照西方的规则在玩，我们已经快成了一个新的西方。我们原来不想玩，西方逼我们玩他们所谓的现代化规则，玩他们的社会达尔文主义规则。我们玩得不好的时候，被他们欺负，被他们打，我们为了玩会他们的规则付出了很多代价，其中最大最沉痛的代价就是改变了我们文化的自性，抛弃了我们的圣贤之道与君子文化。在我们没有了文化包袱与道德焦虑的时候，我们玩他们的规则开始玩得比他们好了，我们什么都不怕了，因为我们属于自己的东西已经没有了，我们已经没有什么东西值得害怕，值得焦虑了。"文革"时的歌曲唱道："东风吹，战鼓擂，现在世界上究竟谁怕谁？不是人民怕美帝，而是美帝怕人民。"我们中国人什么都不怕了，当我们中国人玩他们的规则玩得比他们好的时候，倒是他们开始害怕了，"中国威胁论"出笼了。"中国威胁论"是他们真实心情的写照,因为他们制定的规则就是比拳头大的规则,就是大拳头打小拳头的规则,你学他们的规则学得越成功拳头就越大,拳头大后肯定会打比你拳头小的人,而拳头的大小又是在变化之中的,他们能不感到威胁吗?能不从心里面害怕吗?他们对玩他们的规则会带来什么样的结果比谁都清楚。我们现在有些学者一厢情愿地说,我们学西方强大起来后永远不称霸。这不可能,绝对不可能,为什么?你在玩他们的规则,他们的规则就是强大就要称霸的规则。比如我们要参加足球比赛,我们就要接受足球比赛的规则,我们不能说我们要踢足球,但是我们不想进球,这不可能!绝对不可能!除非你不参加比赛,进不进球对你无所谓,但现在是我们已经被卷进了世界足球比赛中了,我们根本不能说不想进球的话了,你说了人家也不相信,你说我参加比赛但不进球谁信?我们现在说不称霸是因为我们的力量还不大,不够称霸的资格,一旦我们的力量强大了,与美国的力量可以平起平坐了,到那时候,我们肯定会称霸,因为我们遵循的正是美国称霸的规则,我们按照他的规则在做,不称霸才是不可思议的事。这是一个问题。

我们到底怎么办呢?我想我们的文化虽然崩溃了,但我们还有文化记忆,如果我们的现代化是因为落后要挨打,然后我们拼命追求富强,到最后我们力量强大了也称霸,这样的现代化有什么意义呢? 没有意义! 为什么? 因为君子被强盗打,然后学强盗,最后变成了更大的强盗,这有什么意义? 一点意义都没有。我认为人类所有的国家中唯有中国是抛弃了自己的文化走向现代化的国家,世界上其他国家都没有抛弃或打倒自己的文化走向现代化。但是,正因中国现代化遭受了人类难以想象的痛苦与磨难,中国现代化被天道与历史赋予了一个非常独特的道德使命,其他国家的现代化则没有这种道德使命。这一中国现代化的道德使命就是:中国的现代化要恢复中国圣贤文化的历史记忆,然后用儒家文化建立在道德上的"王道理想"去改变西方文化称霸世界的社会达尔文主义规则,用中国的老话来说,就是用中国的"王道"去改变西方的"霸道"。所以,中国的现代化是改变西方现代化规则的现代化。现在大家讲民族主义,中国文化不是建立在国家利益上的民族主义,这种民族主义是西方历史与文化的产物,中国文化是建立在道德上的"天下主义",但是,在百年来救亡的压力下,中国从"天下主义"变成了民族主义。你看,我们的国歌天天在唱,表现的就是强烈的民族主义。但是,中国的民族主义与中国的现代化一样,非常特别,它是人类历史上消除民族主义的民族主义,为什么这样说呢? 因为我们的文化中有王道理想,有天下主义追求,我们中国人的理想是要建立一个以道德作为基础的国际秩序,孔子作《春秋》尊王道,孟子强调国与国相处必须"以德服人"而反对"以力服人",张横渠"四句教"最后一句"为万世开太平",就是这种中国人的理想。现在以美国为代表的西方政治,一百多年来国内是功利主义,国际上是霸道,霸道是"以力服人"而不是"以德服人",所以我认为中国的现代化担负了改变西方文明规则的道德使命。我们很清楚,现在这个按西方霸道规则建立起来的世界就是要靠实力说话的,如果我们中国学西方学成功强大了,到那时,我们有实力和美国、和西方平起平坐说话的时候,我们现代化的道德使命就出现了:我们要改变西方文化建立起来的不合理不道德的社会达尔文主义规则。因为诉诸人类的道德良知,西方文化300年来建立的这个规则不合理。我们判断一个规则合不合理,要看这个规则能不能普遍化。什么叫普遍化? 一个规则制定以后,接受的人越多,人类的福利就越增长。一个规则不能普遍化,就是说,一两个国家接受,对这一两个国家有好处,但如果更多的人接受,就会妨碍制定规则的人的利益,这样的规则是不能普遍化的,是有毛病的,是为了少数人的私利制定的。现在美国老是说,不准别国发展核武器,从人类的道义上讲,从平常心上讲,这是不合理的,为什么你能发展,人家就不能发展？就国际关系来讲,好比邻居之间,我个头比你小就要挨你个头大的打,这有什么道理？这是什么道德?这叫什么规则？现在你天天要打我,我才锻炼身体,增加体魄,为什么就准你身体强壮不准我身体强壮？我这样说并不是支持核扩散,而是说西方文化建立的国际规则与国际秩序不合理,不能普遍化。什么样的规则才能普遍化？只有建立在道德上的规则才能普遍化,具体说来,只有建立在儒家"以德服人"上的"王道规则"才能普遍化。如果人类都接受了"王道规则",那么人类社会肯定是一个万世太平的社会。

从这个意思上说,在场的同学们都担负着一个非常大的道德使命,你们现在学习西方的知识和文化,你们将来要用中国文化的道德理想去改变西方文化不道德的因素,创造出一个建立在中国文化基础上的道德的现代化来。如果我们造就的现代化没有道德作为基础,不仅我们的现代化没有意义,财富的增长反而是负面的腐蚀性力量,你们王院长讲到正是财富的增长腐蚀了古罗马帝国的道德精神,如果不把道德作为中国现代化的基础,现代化带来的财富肯定会把我们中国人的道德精神压垮,会把我们民族腐蚀掉。同时,我们这一百多年来中华民族所受的屈辱将没有意义,我们改变自己圣贤文化接受西方社会达尔文主义文化更没有意义。如果我们的现代化没有改变西方霸道文化的道德目的,我们最终也变成了霸道的西方,那么我们不仅要愧对我们的古圣先贤,愧对养育我们6500年的文化,还要愧对我们的道德良知,愧对我们民族100多年来遭受的痛苦与磨难。所以,我希望同学们努力学习,担负起创造具有中国文化特色的道德的现代化的历史使命!

梁治平:

回答问题前,我想说一句,我们的讨论中并没有假定清末的社会是个完美、和谐的社会。我想社会学家也好,历史学家也好,他们讲的中国文化的道理是很好的,也是实际存在的,但不是说这些道理或者理念都已经完满地实现了。我们不能从存在某种理想来推论说现实就是和谐完美的。反过来,西方文化里面,现代社会里面,也有很多好东西,是我们要学的。谈论和强调文化的基本价值和道德原则,并不是排斥所有外来的东西。

至于说格式合同问题,我不清楚后面的关切是什么。如果我理解不错,格式合同变成了一个不公平的现象,这可能是这位同学提出这个问题背后的关切。我的理解是,现代社会的生活是高度复杂的,经济与社会活动中的流动和交往完全超出了传统社会中个人之间、熟人之间的交往模式,许多交易也不可能每次都单独议定。因此,契约的格式化在现代社会就变成一种普遍现象,这在比如通信、运输、金融、保险和许多商业领域都很常见。问题在于,格式契约是当事人一方提出来的,在某些情况下,这种契约对另一方当事人可能不公平,这另一方通常是个人,他们很难改变这种情况,只能接受,结果就是,强的一方利用格式条款做出对自己有利的安排,其实是把自己的意志强加到弱的一方身上。这当然不合理,也不公正。这个问题需要解决,而解决的办法其实就跟我们今天讨论的话题有关。刚才蒋庆先生和卫国教授都提到中国传统文化里的"五常":仁、义、礼、智、信。根据"五常"建立的社会,应该是一个仁爱公义的社会。今天的中国声称自己是社会主义社会,按照定义,它也反对恃强凌弱,要保护弱者,抑制强者。这两个社会都不赞同强者逻辑,都反对强者凭借自己的特殊地位去压迫弱者。所以,尽管现实可能相反,我们还是有理由期待,靠着卫国教授讲的民法的基本原则,坚持公平正义,维护公序良俗,主张诚实信用,通过对消费者利益的切实保护,也通过对企业活动的有效监管,最终解决格式合同产生的不公平问题。而在这个方面,法律人正应当有所作为。

再议中国传统文化与中国民法典[*]

先给大家讲一个故事,这是前几年的事。台湾的一所高中里面,有一个患有成骨不全症也就是俗称"玻璃娃娃"的颜姓学生,这种病很麻烦,最怕磕碰受伤,弄得不好会有生命之虞。颜姓学生上学,平时要靠老师同学帮助照顾。但是有一天,一位陈姓同学抱他去上体育课,因为楼梯湿滑跌倒,这位颜姓学生不幸身亡。悲痛之余,颜家就把那个陈姓学生连同学校一起告上了法庭。

这种事今天很常见,就是比这种事情更难想象的事都会发生。比如美国的一个案例。一个老妇人在麦当劳买了杯热咖啡,开车时放在两腿之间,结果被烫了,她就告麦当劳,获赔了好几百万美元。这种事情我们会觉得有点不可思议,因为杯子上面写得清清楚楚,这样做危险,况且你一个成人,根据常识也知道不能这样,你还这

　　* 本文系笔者 2016 年 9 月 17 日在"民法典之文明自觉"思想对话会上的发言。会议由弘道书院组织,在中国人民大学国学院举行。

样做,被烫了居然还要告人,告了居然还能赢那么多钱。这个就不说了。就说中国台湾的这个案子。一审法官认为,陈姓同学热心助人,而且也没有故意或过失的证据,判决颜家败诉。但是到了二审,法官却判陈姓学生和学校败诉,要共同赔偿颜家300多万新台币。判决一出,舆论哗然,不但败诉的一方觉得很难接受,教育界和宗教界也不满意。在社会舆论眼里,这样的判决不近情理,破坏了社会的友爱和互助,以后谁还敢帮助他人,那些家里有"玻璃娃娃"的家长也担心以后没有人帮助自己的孩子。但是法官也觉得冤枉,社会上讲情理法,情放在最前面,但是法官要讲法理情,法放在最前面。自己按法律判决,何过之有?问题出在哪里呢?像这种民法上的侵权案,涉及的问题很复杂,二审改判,要被上诉人负赔偿的责任,未必没有法律的和事实的依据,但是对于社会公众来说,有时一个判决只是合法是不够的,它还应当与民众的正义感相一致,应当能够满足民众对法律的期待,有助于实现一般民众认为是良善的生活秩序。从这个角度看,这个案子的二审判决是有问题的。但这里还有一个问题,那就是这个判决,单从法律的角度看,是不是一个只能如此或者如此最好的判决。从理论上说,这种可能性也不是没有。归根结底,现代民法,或者一般地说现代法律,是一套建立在仔细界分和保护个人权利的基础上的制度,这种制度的精神,同传统社会处理人际关系的原则和方法大不相同,加上这套现代制度人为色彩很重,高度专业化,与人们习惯的常情常理有明显差别,这就很容易产生情与法之间的紧张关系。从这个意义上讲,二审判决的问题可能不是出在法官身上,而是出在法律本身。这就让我们去思考,现代法律的本质是什么,它跟我们生活的关系究竟是怎样的,我们需要什么样的法律,具体到今天会议的主题,我们要问的就是,我们需要什么样的民法典。对这个问题的思考和回答,就涉及民法的中国化问题。

民法的中国化其实是老问题,是从清末法律移植以来就存在的问题。这个问题看上去简单,实际很难,认识不容易,理论上难,实行起来也难。所谓中国化,是说法律要适合中国国情,满足中国社会的需要,符合中国人的心理、情感和需求。这些要求和标准听上去明白,其实很含混,不容易确定。比如中国的国情是什么,中国人的特性又是什么,甚至,中国人的概念怎么界定,可能都是问题。我们经常讲传统如何如何,这也是讲民法典中国化的一个重要内容,所以讨论这个问题一定要有法史界的学者参加。但这并不只是法史界研究的问题。因为传统是个总括的概念,具体所指就复杂了。更重要的是,我们讲民法中国化时关注的传统,应该是活在当下的传统,其中很多东西可能出现得很晚。比如近代法律移植的历史就不过100多年,那以后的历史分几个阶段,每一个阶段都需要梳理清楚。清末的法律移植活动历时短,算是个序曲。民国时期的移植又是一个阶段。1949年以后,民国形成的传统在大陆看不到了,但在台湾继续发展。我一开始就举了台湾的例子,大家可能也会觉得这种事例很熟悉,就像发生在我们身边。毕竟都是华人社会,人际关系、社会心理和生活场景都是我们熟悉的。法律也是如此,尽管社会制度不同,大陆学民法的人,对台湾"民法"还是很熟悉的。实际上,这几十年,大陆民法学界受台湾同道的影响很深,这一点大概没有异议。而且台湾地区法律的发达程度高于大陆,至少在有些方面,不但是大陆学习的榜样,也预示了大陆法律未来的发展方向,包括可能出现的问题,因此很值得我们了解。至于大陆这边的法律,1949年以后另起炉灶,有自己的路径,不管好还是不好,也发展出一些自己的传统。对这些传统,我们都要仔细梳理、认识,在此基础上考虑民法中国化的问题和民法典的问题。

民法中国化涉及法律与社会的关系,这个问题在中国有特殊的困难。因为过去100年、60年、30年,中国人的社会生活改变太大,法律在其中的定位也是个问题。晚清修民律,民国制定民法典,事先都有大规模的民商事习惯调查。当时的社会虽然受外力冲击很大,但社会结构特别是家庭结构改变不大,各种民间习惯也比较完整,所以有可能通过对社会组织、社会习惯和各种行为的系统调查,来了解社会的运作,并在这个基础上考虑立法问题。现在的情况有些不同,一个突出的问题是,经过百年的社会变迁,特别是各种大规模的社会改造,原来的传统社会早已不存在,民间社会严重削弱和缩小,社会习惯也变得碎片化,整理起来很困难。另外,中国处在转型时期,社会发展非常快,很多东西缺乏稳定性,在这种情况下,制定民法典时如何取舍就很不容易。还有,在像中国这样的转型社会,法律的功能一方面是要反映社会生活,把活法进一步合理化、形式化;但是另一方面还要考虑如何去规范和引导社会,这两个方面之间要有一个平衡。

这些问题涉及很多环节,处理起来要非常仔细,对专业性的要求也很高。比如大家都提到"家"的重要性。毫无疑问,"家"是中国传统文化包括政治和法律文化里的核心概念,也是今天传统中残存下来的最重要的东西了。直到今天,中国人的个人生活,还有他们建构社会关系的方式,很大程度上还是围绕着"家"的观念展开的。不过,今天中国人"家"的观念,跟传统的已经很不一样了。传统的家族组织早已解体,宗法观念也已经消失殆尽,现在的家基本都是小的核心家庭,其中的代际关系也发生了很大改变,原来老年人是家的中心,现在差不多反过来了。抛开这些不谈,怎么样把活着的传统,把中国人现在生活中的行为习惯梳理清楚,再抽象化,变成一系列概念和范畴,融入民法典里边去,这又是一个很大的问题。因为民法典有它自己的理论构架和学说传统,要引入"家"的概念,就要考虑法律主体问题。我们都知道,法律上的主体有自然人和法人,那么,"家"算什么?它的权利能力和行为能力怎么去体现?是不是要设立一个新的法律范畴"家长"?家长怎么产生?家长和家庭成员的关系如何界定?家长怎么行使权利?所有这些问题都要在民法理论和学说上理顺,否则就不可行。所以,要完成民法的中国化,制定真正是中国的民法典,需要多学科、多领域、多方面的专家共同努力才有可能。希望将来这类主题的会,除了法史学、社会学和儒学方面的学者,也能吸引更多民法学者参加。

此外还有几点意见。

讨论民法典中国化,大家讲的主要是立法。其实司法实践也很值得关注。因为司法是我们透过法律看社会的一个窗口,也是法律与社会互动的一个重要渠道。另外,中国的司法比较注重所谓社会效果,实践中不一定总是严格坚持法条,这种注重实效和具有妥协性的活动可以说丰富了法律,形成了一些有特点的东西,需要去梳理和总结，其中有价值的部分也应该吸纳到法典里去。

跟司法的情况类似，但可能更重要的，是行政执法方面的活动。在我们国家，行政活动的范围，还有行政活动在日常生活中的重要性，其实是远远超过法律的。讨论民法中国化的问题，不能不特别关注这个领域。不过以我有限的了解，从这角度对行政执法甚而一般行政活动做系统考察的好像还没有，这是令人遗憾的。说到这里还可以顺便讲一点，我们讨论民法的中国化，注意力自然都放在法律上面，但是制定法律，最终是要建立良好的社会秩序，从这个角度看，法律也不是在任何情况下都是最好的选择。因为法律本身有它的局限性。前面讲的那个台湾案例就可以说明这一点。所以除了考虑法律本身的妥当性，我们还需要考虑法律之外的制度和文化，看怎么样让法律在一种适宜的制度和文化环境中发挥作用，通过各种不同制度之间的配合来最大限度地满足社会的要求，实现良好的秩序。在这方面，中国历史其实有丰富的资源，儒学也大有可为。

【以下自由讨论】

有人主张，个体自由是具有普遍性的价值，也是民法要保护的核心价值；有人对此提出质疑，认为这是典型的西方自由主义的观点。

把个体自由看成民法的核心和根本，甚至是古今中外通行的价值，以此为标准，再来讲中国传统的那些价值要素怎么样能够契合它、促进它，这种思想方法是有问题的。我的意思并不是说中国文化不讲自由，而是说它并不特别强调个体自由，更没有把个体自由奉为文化的基本原则或者说优先原则。

当然，这里涉及的问题比较复杂。西方文化里，自由这个观念非常重要，人们对它的阐述也很透彻，中国似乎没有完全对应的概念，也没有一套完整的传统。那么，在概念的层面，还有生活的层面，中国人是怎么样处理自由这个问题的呢？这是个复杂的问题，还有待深入的研究。以"民法"为例，它处理的很多问题，比如说财产交易、订立合同，都涉及自由问题，否则就无从谈起。在这方面，中国当然有很丰富的传统。中国古代社会生活中的自由，包括社会流动、迁徙、拥有和处分私产，那个自由度比欧洲中世纪要大得多，你不能说没有自由。但是，它们并不是用像个人权利、自然权利、天赋人权一类概念来思考和讨论的。中国文化中的那套符号没有沿着欧洲的那个方向发展，没有用西方那种思想方法去阐述这些东西，所以也不会发展出洛克那样的理论，而是另有一种说法。换句话说，在实际的生活样态和文化的表达方式之间，那个自由空间怎么来定义是非常重要的，只有先把这个东西梳理清楚，我们才好考虑怎么把传统的资源与西方传来的理念和制度有机地结合在一起。显然这个问题处理起来很复杂，很微妙，不能那么简单化。这是我的第一个看法。

我要说的第二个问题，可以借用刚才提到的"权利"概念展开。"权利"也是一种话语，也是语境化的。比如美国人讲的权利，跟欧洲人讲的是有些不同的。过去一位哈佛的教授写了一本书，就叫《权利的话语》，里面就批评美国，当然不是从东方的角度，而是从欧洲和美国比较的角度。书里就认为，美国人太强调权利观念，让他们的社会同欧洲社会不太一样，而产生了一些美国特有的社会问题、法律问题。这样的问题如果从中国的角度来看可能更突出。因为传统上中国人并不用权利话语来解决自己的问题。当然这并不是说中国人过去不分你我，没有各自的利益。其实正相反，中国人是最讲差别的，礼以别异，亲疏贵贱分得很清楚，谁该得谁不该得也很清楚，这就是名分。这里有利益，有资格，也有主张。财产也是这样，也分你的、我的，有名，有分。因此也会有纠纷，打官司争财，要拿出契据来证明，契据还要接受验证，看是真是假。但这是主张权利吗？可以用权利话语去解释吗？我看不行。因为这等于是把源自西方的现代概念、话语套用到中国历史文化上，中国自己的经验反倒被遮蔽了、扭曲了，变成了西方观念的附庸。那么，中国人主张的是什么？支持这种主张的话语又是什么？怎么看这套话语同权利话语的关系？在今天的社会条件下，我们有可能怎么去认识和处理这个问题，从而创造出适合中国社会的法律和秩序？这是我们应该思考的问题。

下面我就顺着这个思路再讲一点。

如果说中国人不是用权利话语去解决社会中的问题，那么他们用什么样的概念和话语呢？其实回答这个问题并不难。过去中国人界定社会关系、解决社会冲突是有一整套概念、话语和制度手段的，比如刚才提到的名分，还有礼。另外一对重要范畴是义利。我觉得"义"这个观念非常重要。中国人讲的"五常"，仁、义、礼、智、信，其中一常就是义。而且比较起来，义跟权利观念在性质上也最为近似。但有意思的是，中国人讲的义，比如父慈子孝、兄友弟恭，都不是讲你可以如何，而是你应当怎样。换句话说，在处理人与人之间关系的时候，它的出发点是一个人在社会关系中扮演的角色和应尽的责任。从这里产生出来的东西，包括价值、话语、理论和制度安排，跟西方的就不是一个路子。如果说这些东西对今天中国人还有意义，那我们就需要考虑，制定中国的民法典，怎么照顾到这些方面。

跟现代民法有关的还有一些重要概念。秋风主张把"天生烝民，有物有则"八个字写进民法典总则，这个想法很有创意,民法典总则有这一条,肯定是很有中国特点了,但这很难,估计做不到。尽管如此,这个想法还是有意义。天、民、物、则,这几个字很有分量,而且跟民法事业高度相关,可以帮助我们思考民法的性质、功能,民法与社会生活、人性的关系,而且这种思考是融汇古今的。比如"物"这个概念,"物"是民法上最基本的概念之一,从古罗马时代就是如此。民法处理的就是人与人和人与物的关系。"物"是最重要的权利客体,民法上有物权,这也是民法体系中最重要的一个部分。但是,什么是物?人和物是什么关系? 古今中西之间,文化上、制度上的差别很大,但也有可以相通的地方。在中国,民和物这两个词都非常重要。"民吾同胞,物吾与也",民与物并列,而且关系密切,都是君子要给予深切关注的对象。这里,物的概念含义很泛,而且具有道德意味。这与民法传统上对物的界定很不一样。若干年前,有一个清华大学的在校学生跑到北京动物园,把硫酸泼到熊的身上,烧伤了好几头熊,消息曝光之后,舆论哗然,法律机构也介入其中。但是涉及定罪问题,大家就犯难了。因为中国那时并没有专门针对类似行为的法律(现在也差不多),只能套用经济类犯罪,所以有人说应该定为故意毁坏财物罪,也有人认为应该定成破坏生产经营罪。但是不管怎么样,熊虽然是能够感受到疼痛的动物,法律上却和其他无生命的物品没有分别。这符合传统民法对物的定义,但不符合古代民胞物与思想中对物的理解和想象。值得注意的是,今天的民法正在改变,动物的法律地位也开始发生变化,比如在《德国民法典》中,动物的法律地位已经不能用传统的物的概念来理解了,更不用说在各种动物权理论中,传统民法上物的概念已经完全不能适用于动物了。遗憾的是,这种变化还没有在中国看到。我们现在经常能看到这样的新闻:社会公众抗议活熊取胆,谴责各种虐待动物行为,动物保护组织和个人在高速公路上拦截运狗的车,在火车站阻止贩猫的车皮,等等。在很多人眼里,这些动物不是没有生命的物,而是跟人类有着特殊情感联系的生命。但是这种看法没有在中国的法律上反映出来。我们的法律仍然把人以外的所有动物看成是物,是单纯的权利客体,不值得给予特殊保护。在这些方面,我们不但明显落后于世界上很多国家,也跟我们自己的文化传统离得很远。从这个角度说,重新去体认中国文化传统,给了我们一个重新理解民法的性质、功用和为中国人创制良法的机会。

最后还有一个问题。范忠信的文章提到很多恶法的例子,有婚姻上面的、收养上面的,还有民事主体方面的,等等。但是,我看到的很多事例,基本上都是 1949 年以后产生的问题。这些问题,在传统民法典的框架里可能不是问题,或者不是严重的问题。所以,那些恶法问题就不一定是民法造成的,而是特定意识形态和社会政策造成的,只不过它们体现在民法领域,甚至成了一种传统。但这正是需要在新的法律和社会秩序中改变和去除的。总之,在讨论这些问题时我们应该分析清楚,哪些属于民法典本身就有的问题,哪些不是,而是恶政造成的。

【讨论环节答问】

如何解决法律与社会之间的脱节,缓解其紧张关系?有人提出,是不是应当给法官更大的裁量空间,而不是像现在这样几乎没有调整空间?

其实也不是完全没有,比如《民法通则》就承认诚实信用这样的原则,其实是给了法官解释和适用法律很大的裁量空间。还有像善意、公序良俗这样的原则,法院实际上也在用,这里的解释空间也很大。这些都是民法上通行的原则,历史非常悠久。前几年的中共十八大报告就很注重公序良俗的价值,同时也强调法律对传统价值观和家庭责任的维护作用。这些东西客观上有助于法官发挥其创造作用。问题是中国的法官们,也包括其他法律人,是不是准备好了,能够很好地去利用这个契机。

再跟大家介绍一个案子,这个案子也被称为"中国公序良俗第一案"。这是发生在成都的一个案子。案情很简单,某中年男子对自己的婚姻不满意,与其妻分居,在外跟另一女子同居。过了若干年,这人得了肝癌,住院治疗,也是那女子照顾他。后来这人去世了,去世前立有遗嘱,把若干财产遗赠给这名女子。于是,这人死后,这女子就拿着他的遗嘱去要求那些财产,那人的原配不同意,于是打官司。一审法官认为,死者的遗嘱合法有效,法院应当支持。结果判决一出,舆论哗然。有人就认为,身为第三者,破坏他人合法婚姻,怎么还能够得到法律的支持,去分人家的财产。到了二审,法官就改判遗嘱无效,理由是立遗嘱人的行为违反了公序良俗。这个案子有意思的地方,除了判决结果和理由的改变,还有社会舆论和法学界的反应。

首先,社会舆论,包括媒体的报道,其实是分化的。正反两面的意见都有。一方认为,二审回应了民意,保护了合法婚姻,对社会上不好的风气起了抑制作用。但也有人包括媒体记者不大赞同二审判决。他们更同情那个第三者,有人去安慰她,甚至帮她筹钱。

其次,法学界的反应是,几乎所有的法律学者对二审判决都持批评的立场。批评的理由也很简单,法律和道德是两回事,必须划分清楚。民法讲的是个人意思自治,遗嘱只要符合成立要件,法院就不可以宣布它无效。二审的做法就是向落后观念妥协，同时也是把法律和道德混淆了。有没有学者不同意这种观点呢？有，不过就我所知，只有"一个半"人反对多数人的意见，支持二审判决。

我说的"一个"，是中国人民大学的范愉教授。她反对的理由是什么呢？她认为考虑遗嘱是否有效不能只看《继承法》，还要看《婚姻法》。从法理上说，《继承法》和《婚姻法》要放到一起来考量，才能对相关法律有一个完整的理解。具体说，维护婚姻的价值是《婚姻法》的重要目标，对《继承法》的解释和适用需要把这个基本价值和原则考虑进来，形成完整的法律推理。

那谁是那"半个"呢？中国政法大学的郑永流教授。郑教授刚开始也和大多数法律学者一样反对二审判决，但后来读了一些联邦德国法院对类似案件的判决，发现德国的法院处理这类案件时其实并没有一个固定不变的立场。因为时间不同，具体案情不同，法官的处理也不一样。总的来说，法官不是简单地区分法律与道德，而希望兼顾不同的社会价值，对案件的处理就显得比较审慎。循着这样的思路，郑教授开始改变最初的想法，出于更周全的考虑，他觉得可以判遗嘱部分有效，部分无效，这样既尊重了死者的遗愿，也保全了社会价值。

这个例子可以说明，尽管我们把法律解释当作解释权在法律上加以规定,但实际上法官在司法实践中的解释空间还是相当大的。而且,法官面对的是一个多元的社会,他需要去了解和平衡不同的价值、诉求。在这个过程中,其他法律人,包括律师和法律学者,都可以有更深入的参与。

新闻与司法[*]

【原编者按】

2009 年 12 月，最高人民法院下发了《关于人民法院接受新闻媒体舆论监督的若干规定》（以下简称《规定》），其中的一些条款引起专家、学者以及新闻媒体的疑虑，被理解为"媒体恶意倾向性报道在审案件将追责"，这个《规定》究竟有无可讨论之处，对于新闻报道会产生什么样的影响，新闻与司法的关系该如何看待呢？对此，记者采访了著名法学家、中国艺术研究院中国文化研究所研究员梁治平先生，请他谈了自己的看法。

在您看来，最高法的这个《规定》是否对于新闻媒体的报道有不合理的限定？

引起人们特别关注甚至争议和质疑的，主要是这个

---

　*　本文原刊于《东方早报·上海书评》2010 年 1 月 24 日，刊出时题为《梁治平谈司法公正与新闻监督》。采访者黄晓峰。

《规定》第9条提到的新闻报道违法的五种情况。这五种情况具体讲是不是恰当，下面再作讨论，单从原则上看，《规定》涉及的这部分内容，不能说全无道理。

这里先要说明一点，"新闻媒体舆论监督"的问题，根本上是言论自由问题。而"言论自由"里的"言论"，要在广义上去理解。具体说，它不只是个人的言谈，也不只是报纸杂志或者互联网上的言论，还包括电视、广播、电影、艺术甚至广告等各类表达方式。所以，这里的问题就变成了，言论或者表达自由有没有界限，如果有，它的边界在什么地方。《规定》第9条讲的就是边界问题，比如，媒体的报道不能损害国家安全和社会公共利益，不得泄露国家秘密、商业秘密，也不能侵犯他人隐私或者损害当事人的名誉权等。这样规定有问题吗？孤立地看，没什么问题。任何自由都有边界，言论自由也一样。这是通例。《公民权利和政治权利国际公约》第十九条就规定，每个人都有自由发表意见的权利，但这种自由要受到一些限制，这些限制就包括：尊重他人的权利或名誉；保障国家安全或公共秩序，还有公共卫生或道德。表达自由及其限制在其他国际公约里可能略有不同，但是基本原则都是一样的。

既然是合理的限定，为什么公众还会有疑虑呢？

公众的疑虑是有道理的。《规定》的含义到底是什么，除了看字面上的规定，还要看它后面特定的制度和文化背景。

刚才提到《公民权利和政治权利国际公约》第19条，现在还以这一条为例。第19条在规定言论自由的限制的时候，提到两个条件。第一个条件是：这些限制必须是由"法律"所规定的。第二个条件是：它们对于下面提到的尊重和保障他人权利或者国家安全来说是"必需的"。

先看第一个条件。这里说的法律，要在狭义上理解。在中国的背景下可以这样来理解：对言论自由的任何限制都必须由人大常委会制定的法律来规定，行政法规、地方法规或者部门规章，包括《规定》这样的规范性文件是不能用来规定对言论自由的限制的。说到这里，可以提一下《新闻法》。这应该是一部与新闻自由关系最密切的法律了，但是在人们期盼和谈论了许多年之后，中国仍然没有一部这样的法律。当然，现行《宪法》第35条和第41条分别规定了言论、出版、集会、结社、游行、示威以及监督国家机关及其工作人员的权利。但是这些规定都是原则性的，只有这些显然不够。

谈法律还有一层含义，那就是它的规定必须清楚明白，含义也要尽可能地确定，要有严格的程序来保障当事人的权利，还要有合理的标准来审查限制的必要性。这就涉及另一个问题:什么是"必需的"? 这个问题法律不容易说清楚,因为要作具体判断,这个工作由司法机构完成。其实,法律上许多重要概念,比如国家安全、社会公共利益、隐私权,它们的含义都需要在法律适用的过程中确定。在欧洲和美国,这方面的判例很多。当然,我们国家也有相关的判例,特别是在名誉侵权方面。但这里有一个很大的区别。一方面,就像我上面讲的,我们虽然有《宪法》第35条和第41条,但法律层面的建设还远远不够。《政府信息公开条例》与言论自由有关,但也只是一部条例,而且实施了不过一年多。另一方面,也是更重要的一点,按照现行制度,法院不能对法律的合宪性进行审查,也不能在一般诉讼中直接适用宪法。在这种情况下,言论自由的原则即使被提到,也不可能得到充分的阐述。看看名誉权诉讼就很清楚。本来,名誉权和言论权是一件事的两面,但是在这类诉讼里面,名誉权是正面的主题,有定义,有内涵,有阐述,"言论自由"就算被提到,也总是一语带过,没有详尽的论述。这种情况很讽刺。因为无论从逻辑上讲,还是看国际人权法的理论与实践,言论或者表达自由都是一项基本人权,也可以说,言论自由是原则,是通例,对言论自由的限制虽然必要,但总是例外。正因为这样,言论自由要从正面予以充分的阐述,对言论自由的限制则必须被严格地限定。我们的法律和制度没有满足这种要求,《规定》引发公众的疑虑也就不奇怪了。

从法理上说,《规定》是不是提前限定新闻媒体什么能报道,什么不能报道?

你说的"提前"可以有两种含义。一种是法律事先规定哪些行为是不允许的,做了会受到什么处罚。这没有问题,这种"提前"是应当的。我们需要法律"提前"给我们某种指引,告诉我们什么行为是允许的,什么是禁止的,违反法律有什么后果。相反,法律不能溯及既往,不能以后来制定的法律的名义去追究法律颁布以前的行为。这是法治的要求。当然,法治还包括其他很多内容,比如,法律的规定应当清楚明白,法律应当公开,法律要有稳定性,法律要"表里如一",也就是说,实施的法律应当与制定的法律是一回事。还有人主张,除了这些形式上的要求,法治还要求法律的内容要足够好。但什么样的法律算是内容上"好",这些问题有争论,我们暂且不去管它。有一点是肯定的,一部好的、合乎法治原则的法律,一定是"提前"的,而不会是"事后"的。

"提前"的另一种含义是,基于某种考虑,比如保障国家安全或者公共利益,法律要求,新闻媒体的报道尤其是对政府部门的批评性报道,必须事先提交给某个部门审查,审查通过的才可以刊登。这种意义上的"提前"叫作报刊检查制度,它既不合乎法治原则,也有损于新闻自由和表达自由。在存在报刊检查制度的地方,人们不能确切地知道什么可以写,什么不可以写,也无法确切地预知其行为的后果。这并不一定是没有任何标准可循,而是因为这类标准,如果有的话,既不是由法律事先确定,也不需要通过严格的法律程序去确定,它们的内容和尺度的宽严,取决于多种难以预知的因素。在这种制度下,人们会畏首畏尾,还没有下笔就开始自我审查,在很多情况下,媒体的这种"自律"很容易变成,借用一个媒体人不大文雅的比喻,"自宫"。

言论自由包含了判断,而新闻报道除了事实,还会表达某种意见,这些在司法处理上会有所区别吗?

在表达自由被认真对待的地方,事实描述、价值判断、意见表达和其他一些不同要素都是被仔细地区分开来的,因为对于表达自由来说,这些不同要素的意义是不一样的,因此要给予不同的处理。这也说明,在法律上界定新闻自由是一件很复杂的事情,哪怕法律的原则是清楚的,法律的规定在字面上也算是明确,但要妥当地处理实际案件,合理地确定表达自由的边界,还是会有很多需要思考、辩论、阐述和论证的地方。比如,我们上面提到过,什么样的限制可以算是"必需的",应该采用什么样的方法和标准来判定,为什么,这些都需要经过仔细的分析和论证。还有,同一篇报道在不同的情境中可能有不同的含义,比如在一般状态和在紧急状态下可能有区别,在承平时代和在社会矛盾尖锐时不一样,在比如不同民族文化中也可能不同。如果真是这样,那就要进一步确定,这些不同和区别意味着什么,有没有意义,是不是要导致法律上的不同对待,而法律上不同的对待又要达到怎样的程度。换句话说,表达自由与其他价值之间的平衡点究竟应该定在哪里,这是一个很大的问题。要解决好这个问题,除了有一个好的法律框架,包括相对完善的立法之外,还应该有一个独立的、有较高专业素养、富有经验和负责任的司法群体,有一套比较好的程序保障机制。这样,媒体和公众对自己的言论才会有信心。不过,我们看到中国的情况是,很多涉及言论自由的案件根本就不会被受理,法庭上以言论自由为一项抗辩的做法也很难被接受,上面提到的各种不同要素,像事实、意见、判断等等,也很少被法官仔细地区分。这也是为什么,《规定》的公布,没有引起媒体和公众的欢迎和更多信赖,反倒引来许多疑虑。

您提到对新闻自由的法律界定要具体分析,这在西方国家是怎么处理的？

大体上说，当代西方国家关于言论自由或表达自由的法律有两大传统：一个是建立在《欧洲人权公约》第10条基础上，主要由欧洲人权委员会和欧洲人权法院发展起来的欧洲的传统；另一个是围绕美国宪法第一修正案，主要通过联邦最高法院的判例确立起来的美国的传统。比较起来，我们对美国的这个传统了解更多。法律人都知道有一个"《纽约时报》公司诉沙利文案"。实际上，欧洲的传统可能更值得注意，因为中国的法律制度在历史上与欧洲有渊源，而且欧洲的传统很丰富，除了《欧洲人权公约》，一些欧洲国家比如德国在言论自由方面的理论和实践也很值得注意。

至于西方各个国家在保障新闻自由、表达自由方面的具体做法，这里不可能详谈，我只能说，在重视和保障新闻自由和表达自由的共同原则下，西方国家的具体做法也有很多差异，有些差异是制度方面的，有些差异是认知上的，还有些是方法上的。其实，即使是同一个国家，在同一种法律下面，对同一个案件，不同法院往往会有不同的认识和判断，甚至就是在同一个法院，也可能有多数意见和少数意见的不同，至于社会公众之间的意见分歧就更不用说了。从小的方面说，这表明言论自由问题的复杂性，从大的方面说，对言论自由的认识和保护，与一个国家的制度安排有关，也和一个社会的文化有关。比如公共道德可以为自由设定边界，但是对道德问题的判断和想象，在不同的社会是不一样的。同样，在不同的政治制度、法律制度的框架里面，处理这些问题的方式也是不同的。比如在美国，在1989年的"得克萨斯州诉约翰逊案"中，联邦最高法院判定，国民焚烧美国国旗的行为属于言论自由范畴，受宪法第一修正案的保护。如果是在欧洲，同样的行为就未必受言论自由的保护。前些年在香港，有人焚烧中华人民共和国国旗，最后受到追诉，法院不认为那是受言论自由保护的行为。

那是不是说，在中国谈言论自由问题，也可以结合自己的文化和制度传统？

是，我是这么认为的。其实不只是言论自由，其他重要的制度建构，包括法治、宪制、民主，都不能也不应脱离中国的文化、社会、经济和政治情态。那什么是中国的文化、社会、经济和政治情态？什么样的制度样式与这种情态相符合？这问题太大，不能在这里讨论，但有一点是确定的，那就是，经过一百多年的社会变迁，自由、民主、人权、宪制、法治这些基本价值已经为中国人所了解和接受，中国自有宪法以来的历次宪法，除了"文革"时期的，都公开地申明这些基本价值，中国政府也签署和加入了多个国际人权公约,包括我一开始提到的《公民权利和政治权利国际公约》,所以要讲国情或者特色,不能离开这个前提。也就是说,讲自己的传统,应当是发展和丰富这些基本价值,而不是减损和毁坏它们。因此,所有这些问题的答案,本身就应当通过自由表达的方式来寻求,而不能是通过压制言论、控制和操纵舆论的方式来确定。就言论自由本身来说,要发展出适合中国的制度,除了法律人,还需要社会公众的广泛参与,要有充分的讨论和理性的交流,在这个过程中,新闻媒体的作用是很重要的。要给新闻媒体充分的自由,让公众尽可能充分地表达自己的见解,这样形成的言论自由的观念和传统,才可能真正具有中国特点,同时又是理性的和健康的。

可是《规定》中又提到"恶意炒作",这对自由表达会有所限制吧?

《规定》里是有一些概念不够明晰和确定,比如你提到的"恶意炒作"。不过这里要做一点具体分析。"恶意"是相对于"善意"来说的,判断恶意还是善意很不容易,但是这两个概念在法律上很重要,经过长期的实践,人们也有一些判断恶意和善意的办法。"炒作"的情况就不一样了。我们讲什么人炒作自己,大家可能知道是什么意思,但它在法律上的含义并不清楚。说某人炒作,在法律上是什么意思？需要什么样的证明？证明了有什么后果？"炒作"和"报道"有什么不同？它和"失实"或者"歪曲事实"是什么关系？"炒作"可以是善意的吗？在我看来，炒作在法律上是一个很模糊的概念，而且其中已经包含了一些主观好恶的感情色彩，而这种好恶的增加，对法治来说有害无益。我们说过，法律上的概念应该有明晰、确切的含义，便于理解，而且，法律的表述应当同日常生活中的普通说法有所区别，不然的话，法律特有的好处也就没有了，我们期待法治而不是道德之治或者行政之治的理由也就不成立了。

此外，《规定》中还有很多概念，它们的确切含义需要在审判实践中，通过适当的程序，包括证据规则的确立，经由法律推理和论证，来一步步确定。比如"严重失实""严重不良影响""严重损害"等，"严重"的度如何掌握？"失实"和"歪曲事实"在内容上怎么区分？其证明方式有什么不同？还有所谓"恶意进行倾向性报道"，是说只要没有恶意，倾向性报道就是允许的吗？还是暗示说，倾向性本身就可能有"恶意"之嫌？还有，谁来证明恶意的存在？最后一款"其他严重损害司法权威、影响司法公正的"，法律人称之为"兜底条款"，更是具有"中国特色"，这个"其他"范围太泛，内容完全不确定，这和我们讲的法治真是南辕北辙了。总之，在目前的制度背景下,这样一些规定很容易让人产生疑虑,觉得言论自由受到更多限制,而不是得到更多保障。这同《规定》公开宣称的意思正好相反。

新闻媒体的舆论监督能损害司法权威、影响司法公正吗?

给你讲一个真实的案例。1991年,有一个美国黑人叫罗德尼·金的,在假释期间酒后超速驾驶,被警察拘捕时又拒捕,和警察互殴,最后被警察制服。没想到,这个过程被人偷录下来,后来被全美各大电视媒体反复播放,轰动一时。问题是,录像本身并不完整,播放的时候还有删节,结果人们看到的只是四个白人警察猛揍一个赤手空拳、倒地不起的黑人。因为传媒的密集报道和巨大影响力,在一般人心中,这种警察有罪、黑人无辜的印象简直就是根深蒂固。一年后,"罗德尼·金诉洛杉矶警察局案"一审结束,陪审团宣告四名白人警察无罪。这个结果立即在洛杉矶市激发了一场暴乱,死伤人数两千多,烧毁建筑一千多栋。官司最后一直打到联邦最高法院,那已不再是一个普通的刑、民案件了。事后来看这个案件,如果媒体的报道从一开始就更客观、完整、全面,民众对这个案件的看法恐怕就不会那样黑白分明,一审判决也多半不会引起那样激烈的反弹。从这个角度看,媒体方面不是没有应该检讨的地方。不过有意思的是,报道这个案子的媒体,没有一家被政府追诉。并不是因为没有人这么想,而是因为在宪法第一修正案保护下,要证明媒体恶意报道是一件非常困难的事情,而美国人之所以给予媒体这样的保护,又是因为他们相信,要保证司法公正,新闻自由具有特殊的重要性。

这就是我们的问题了。一方面,如果没有高度的行业自律和很高的职业水准,不能善用新闻自由,新闻报道是有可能损害司法权威,影响司法公正的。另一方面,如果没有新闻自由,没有真正有效的舆论监督,司法公正就没有保障,司法权威也无法确立。新闻自由和司法公正之间的这种紧张关系,反映在社会生活中,也反映在很多国家的法律里面。比如《欧洲人权公约》第10条规定了表达自由,同时也列举了法律所规定的一些约束,包括为维护司法权威与司法公正所需要的约束。英美国家的"藐视法庭罪",有时也涉及新闻自由问题。此外,关于对审理中的案件的报道、法庭文件的披露、当事人的个人信息等许多问题,很多国家也都有法律来规范。

我们国家的情况是,有关新闻自由的法律还远没有完善,媒体要想发挥舆论监督作用,因为没有强有力的制度保障,不但受到很大限制,有时还要付出很高的代价。在这种情况下,司法机构固然可以少受舆论监督的压力,但是司法腐败也因此变得更容易发生。最后，不但司法机构本身，而且政府，还有整个社会，都为此付出高昂的代价。

那么，司法的公信力与新闻舆论监督该如何互动呢？

司法的公信力不高，这是大家都注意到的。如果有比较健全的舆论监督，司法过程比较透明，司法腐败的现象会在一定程度上得到遏制，司法的公信力就会得到提高。最近这几年，因为互联网介入而为公众关注的案件，每年都有若干，而且数量还在增加。比如广州许霆案、北京李丽云案、湖北邓玉娇案、云南躲猫猫案，还有上海"钓鱼执法"事件。因为网民、网络媒体、纸质媒体和电视媒体的广泛介入，形成了强大的社会舆论，这些案件的审理和处理，过程就相对透明，最后的结果也不至于太不合理。网络技术带来的这种变化，改变了意见表达方式和资讯传播方式，因此也改变了传统的政府包括司法机构与媒体的互动方式。我觉得《规定》的制定，一定程度上也是要回应这种变化。最高人民法院的官员也承认，以前法院对媒体是被动防守态度，结果导致媒体和公众对敏感事件有诸多猜忌，因此法院今后选择主动公开，为媒体报道提供便利。不过，如果细看这份《规定》，会发现许多耐人寻味的地方。比如，从题目以及第1—8条的内容看，《规定》只针对和适用于法院内部系统，但是第9条突然变成针对新闻媒体的规定，显得很牵强。而且从法律的书写方式看，前面部分更像内部的工作文件，而且给法院很多自由裁量权，比较而言，后面第9条却更像是法律。这种情况表明，《规定》一方面想要回应社会的变化和要求，但是另一方面，它又反映出我们国家政法制度的某些特征，法院作为政法机构的一个重要部门，还是不希望受到更多法律上的约束，对新闻媒体、舆论监督还是有相当的疑虑。这说明，要建立司法机构与媒体之间的良性互动关系，靠这样一个《规定》是远远不够的。

我觉得，在今天这样一个资讯发达、民众权利意识日渐增强的时代，建立司法权威和保障言论自由有一种互生互助关系。因为从根本上说，司法权威必须建立在司法公正的基础上，而要民众相信司法是公正的，就要保证司法的公开和透明，在这方面，媒体的舆论监督作用必不可少。言论自由和其中的新闻自由是舆论监督的基础，但是没有法律的保障，没有公正的司法，它们又是很容易被压制和损害的。不过，要把这种理论上的互生互助关系变成现实，实现司法机构与新闻媒体的良性互动，需要一系列制度上的安排和保障，其中最重要的，除了前面说过的，言论自由要有法律上的保障，至少还有两条，那就是，无论司法机构还是新闻媒体，第一要自律，第二要能够自治。法律是他律;行业的自我管理,共同体及其成员的自我约束,都是自律。自律很重要,而自律的基础是自治。没有自治,就不会有共同体及其成员的荣誉感和责任感,职业伦理和职业操守也很难建立起来。在这种情况下,法律人不会真正地忠实于法律,媒体人也不会以寻求真实和客观报道为自己的天职。就算有这样那样的法律、纪律,无论司法还是媒体,都难免堕落腐败。这时候,所谓新闻自由便容易被滥用,舆论监督可能变成牟取私利的特权,而民意也会成为少数人操纵的对象。司法的公正和权威,就更不能指望了。

再续传统,重拾法的公共性[*]
——以中国当代公益法运动的兴起为例

2003 年,正当中国的公共卫生系统面临一场突如其来的流行病的挑战之际,中国的法律体系也遭遇到一场意味深长的危机。这场危机的爆发点是发生在中国南方城市广州的一个年轻设计师的非正常死亡事件,这就是著名的孙志刚案件。[①] 在那个事件的后续发展中,三位法学博士以公民身份公开致函全国人大常委会,他们援引《中华人民共和国立法法》有关条款,要求全国人大常委会审查制定于 1982 年的《城市流浪乞讨人员收容遣送办法》的合宪性。三位经过法律专门训练的公民事后坦承,他们的目标不只是要废除一部不公正的法规,更是要通过这次审查开创一个先例,促成一个违宪审查的经常

[*] 本文系笔者在第八届东亚法哲学大会"后继受时代的东亚法文化"(台北,2012 年)上的主旨发言。

[①] 从法律、社会与政治变迁角度对孙志刚案的分析,参见梁治平:《被收容者之死——当代中国身份政治的困境与出路》,《乡村中国评论》第 2 辑。

性机制,推进中国宪制的发展。显然,这一颇具抱负的目标并未实现,但是这一法律上书行动本身却成为中国当代法律发展过程中的一个具有示范性的重要事件,引发了此后一系列的公民法律上书行动。[1] 从本文的角度看,这一系列举动可以被视为颇具中国社会特点的公益法事例。它们如那些针对社会歧视、消费者保护和环境污染而提出的所谓公益诉讼一样,都是"以公益之名推动制度和变革,并倡导公民对公共事务的参与"[2]。

像其他许多法律制度和概念一样,"公益法"之名最初是译自英文 public interest law。不过,中国的公益法实践,并不能用这个英文词来简单地说明。就像另外一些传来的制度和概念,公益法终能在中国的社会土壤中扎根生长,根本原因还在于,它能够被生活在这里的人们用来解决自己的问题,而这意味着,它的动力和能量,它所利用的资源,它聚集力量的方式,主要都出自这个社会、这个时代。

---

[1] 这些公益上书的内容涉及消费者保护、环境保护、社会歧视、性别平等、城乡差别、劳动保护、农民负担、农村义务教育、出版自由、物业管理等诸多方面。上书人(建议人)多为法律学者、律师和专注于公益法事务的法律服务机构,而被上书一方则通常为全国人民代表大会常务委员会及其法制工作委员会或国务院等机构。详见东方公益法律援助律师事务所:《公益上书季刊》2007 年第 1、2 期。未刊稿。

[2] 贺海仁、黄金荣、朱晓飞:《天下的法:公益法的实践理性与社会正义》,社会科学文献出版社 2012 年版,"第一章"。

自 20 世纪 80 年代以来,中国的法律发展经历了不同阶段。着眼于法律与社会的互动,我们今天所处的阶段或者可以被称为"维权的时代"。关于这个时代的特征,至少可以提及两点。

首先,法律日益深入民众日常生活之中,越来越多的普通人开始运用法律实现其主张,保护其利益。在此过程中,他们不但激活了法律,也参与和创造了法律。这种参与打破了以往官方对法律的垄断,同时拓展了法律的疆域,丰富了法律的内容,使法律成为社会中不同个人、群体和组织均可利用的竞胜场所。法律话语正日益成为不同利益的表达方式,也成为社会互动的一个重要渠道。

其次,维权并非革命性诉求,而是现行体制架构内的行动。尽管如此,这种行动对于推动变革、改善制度仍有重要意义。这是因为,中国当代的政治、法律制度,作为百年来内外压力下一系列革命、运动和制度移植的结果,并非单一、严密的封闭体,而是内在地包含了诸多矛盾和紧张,这就为维权行动提供了可观的开放性空间。这同时也意味着,中国的法治运动具有某种开放的可能性。①

中国公益法的兴起,放在维权时代的背景下看得最清楚。实际上,公益法实践就是一种维权,只不过,这种

①　详细的论述,参见拙著《法治十年观察》,上海人民出版社 2009 年版,"序"。

维权行动的目标,主要不在个人利益,而是更加广泛的公共福祉。而且,可称为公益法实践的维权行动,具有更严格的法律行为特征。其行动者,无论个人还是组织,对所采取的行动及其方法和目标,也具有更强的自觉意识。前面提到的孙志刚案中的公民法律行动,就是出于法律人的精心策划。其目标不只是一部法律的存废,而是合宪性审查制度的建立。那些针对比如垄断行为、不合理制度和政策的诉讼,具有同样特征,它们因此被称为公益诉讼。① 因为公益法的这种性质,法律人在这种法律实践中就扮演了重要作用。

值得注意的是,把法与公共观念联系在一起,通过法律去实现社会福祉,这种理念就植根于中国传统。儒家经典《大学》在论及规则制定所当遵循的原则时写道:

> 所恶于上,毋以使下;所恶于下,毋以事上;所恶于前,毋以先后;所恶于后,毋以从前;所恶于右,毋以交于左;所恶于左,毋以交于右:此之谓絜矩之道。②

---

① 参见贺海仁主编:《公益诉讼的新发展》,中国社会科学出版社2008年版。

② 朱熹:《四书章句集注·大学章句》,中华书局1995年版。

如此制定的规则，非出于个人私意，实为天下公器。因此，朱子谓为"所操者约，而所及者广，此平天下之要道也"①。诚然，历史上，儒家悬为理想的絜矩之道并不总能实现。西汉廷尉杜周被人批评"不循三尺法，专以人主意指为狱"，他回答说："三尺安出哉？前主所是著为律，后主所是疏为令，当时为是，何古之法乎？"②问题是，上主所为，常常不以天下为念，实乃操一家之法，治天下之人。这就是为什么，后之大儒会写下这样激越的评论：

> 三代以上有法，三代以下无法。……此三代以上之法也，因未尝为一己而立也。后之人主，既得天下，唯恐其祚命之不长也，子孙之不能保有也，思患于未然以为之法。然则其所谓法者，一家之法，而非天下之法也。……此其法何曾有一毫为天下之心哉！而亦可谓之法乎？③

然而这正表明，以法为天下之法，视一家之法为非

① 朱熹：《四书章句集注·大学章句》，中华书局 1995 年版。

② 《汉书·杜周传》，中华书局 1987 年版。

③ 黄宗羲：《明夷待访录·原法》，载《黄宗羲全集》第 1 册，浙江古籍出版社 1985 年版。

法,乃是中国古时的重要传统。不幸的是,在 20 世纪的革命当中,这一伟大传统遭到颠覆和抛弃。其结果是,一党之法取代天下之法,法的阶级性压倒和取代了法的公共性。经此改造之后,法不复为天下公器,而只是阶级统治的工具。如今,公益法实践者所做的,正是要利用数十年来法律与社会变迁带来的契机,在新的社会条件下,重新赋予法律以公共性,让法律恢复其大公的性质。就此而言,怀抱天下之法的理想、以法的公共性为前提开展的公益法实践,亦不妨视为传统的再现和发展。

诚然,今日之社会与法律,大别于古昔,公共性观念,亦有古今的不同。比如,古之所谓公,具有压倒私的道德正当性。而在今天,公共性观念与个人权利有密切关联,公之于私,没有无可置疑的优越性。公共性的获得,亦须经由民主讨论、平等协商、广泛的公众参与等种种程序,否则便不具有正当性与有效性。然而,古人以民为私、官为公,实包含对官(府)应该以民为本、奉天行道的规定,后面立有一个超越官-民之公私架构的天下为公的大原则。这种三维框架,可以被吸纳于今天的公共哲学,应用于当下的多元社会,成为公益法实践的理论基础的一部分。换言之,当代法的公共性同时寓于天下为公的理念之中,并可由中获得其正当性认许。着眼于此,我们可以说,中国当代公益法实践者对法的公共性的追寻,同时意味着一个伟大传统的回归。

作为维权运动的一部分,中国的公益法实践也具有自下而上的特点。而且,像其他形式的维权运动一样,中国的公益法实践最大限度地运用了包括传统手段在内的各种资源,比如颇具中国特色的公益法律上书。实际上,在现有制度条件的约束之下,公益法实践者通过直接的制度变革实现社会进步的目标很难达成,在更多情形下,他们只能追求法律之外的效果:一种观念普及、舆论宣传、社会动员的效果,进而将之变成对为政者的某种压力,间接推动制度层面的改善。在此过程之中,对公或曰公共性的诉求,始终是行动者的基本指向,而以公或者公共性为号召的广泛的公众参与,也就成为公益法实践的一个目标和特点。人们相信,天下之法,人人得而言之。也只有当天下人皆视法为己务之时,天下之法才能够变成为现实。

政治与社会变迁中的"中华传统文化"*

今天讲论的主题是"中华传统文化传承",主题词又是"文化"。大家也许注意到了,中国人很喜欢讲文化。这一百年来,中国社会经历了那么多转折和改变,大起大落,大喜大悲,文化这个议题却经久不衰。这是为什么呢?我想,这大概和认同问题没有解决有关:自我认同、社会认同、国族认同,这些摆在我们面前的问题,都和文化有关。认同问题不解决,主体就无法建立。主体没有建立,秩序,不管是内在的还是外在的,就难以确立。秩序不能确立,人就会陷入混乱和焦虑。不断地讲文化,其实是为了纾解焦虑,走出混乱。

下面想讲四个方面的问题。先讲一下我对今天这个讲题的理解,然后和大家一起回顾一下百年来传统文化的命运。接下来讨论一下传统文化同现代生活的关系。

---

* 本文系笔者 2014 年 6 月 30 日在中国艺术研究院"中华传统文化传承"讲论会上的发言,收入本书时有少量增补。

最后回到文化传承的问题上，讲一下文化传承与创造的关系。

一、 几个概念

把"中华传统文化传承"包含的概念拆开来，每个概念都可以写不止一本书，这当然不是我们今天要做的事情。我想要做的，只是点出这些概念所包含的某些特殊的意思，这些意思放在中国近代历史的特定背景下会变得很突出。比如，"传统"这个概念似乎可以用到所有的文明、所有的历史时段中，其实不然。"传统"是相对于"现代"而言的，而"现代"的意思并不就是现在。"现代"的观念不但涉及时空，更涉及世界观，涉及某些宏大理论，比如进化论、进步观念、发展的观念、现代性理论等等。因为有这样的背景，我们可以说，并不是先有"传统"，然后才有"现代"，而是相反，"传统"因"现代"而生。所谓"传统文化"，也应当在这样的背景下了解。

"文化"和"文化传承"，这两个概念表面上看很平常。作为一种现象，它们也确实存在于所有文明、所有人群。但我们这里讲的"文化"和"文化传承"，都有特别的意思。想想看，中国在 20 世纪经历的两次重大的革命性事件，五四新文化运动和"无产阶级文化大革命"，主题词都是"文化"。但这恐怕不是学者在书斋里谈论的"文化"，它承载了太多政治、社会和历史的内容，而人们围绕"文化"和"文化传承"展开的各种论辩和行动，就像是一面多棱镜，折射出中国社会大转型过程中人们复杂深刻的生命经验。那么，这是一个什么样的转型呢？这个"大转型"，借用晚清名臣李鸿章的话说，是"三千年未有之大变局"。历史上，恐怕只有礼崩乐坏的春秋战国时代可以与之相比。在这样的大变局里，传统文化是不是应当保存，还能不能够保存，哪些应当或不应当保存，哪些能够或不能够保存，以及如何保存和传承，等等，都是充满争议、令人困惑和为难的棘手问题。这里的转化之难、断裂之痛，恐怕不是局外人能够轻易了解和想象的。

还有"中华"这个概念。对这个概念大家也许不以为意，因为它太平常甚至太自然了。但实际上，它一点也不自然。这个词的后面，同样有无数的故事。它的所指和功用，也不是固定不变的。因为，它是被创造出来的，用来指代所谓"想象的共同体"。比如，辛亥革命以后成立的中华民国，建立在五族共和的基础上。后来成立的中华人民共和国，包括了 56 个民族。"中华"这个词，在不同场合有不同用法，被赋予不同含义，很不简单。近代以来，中国经历了一个从"传统"到"现代"的转变，这里面的一项主要任务，就是要照着西方民族国家的样子建立中国的现代国家。但是这个目标到今天还不能说达成了。首先，今天的国家是不是一般意义上的民族国家，本身就是一个问题。撇开这个问题不谈，单讲国家主权，两岸尚未统一，这就不说了，香港和澳门实行"一国两制"，主权问题解决了，但要完全建立国族认同恐怕还需要时间。在这种情况下，"中华"这个概念就有一种特殊的重要性。

总之，在这样一个特定语境中，"中华传统文化传承"是一个或一组沉重的概念，是包含了重重问题的话语，它反映出一种深刻的文化焦虑。这种焦虑的核心，一言以蔽之，就是如何重建秩序，即围绕一套植根于本民族历史文化，同时又适应现代社会生活的具有说服力和凝聚力的基本价值，建立起一套完整的道德秩序、政治秩序、社会秩序和心灵秩序。

二、"中华传统文化"百年命运

我们现在经常挂在嘴边的"传统文化"，在过去一百年里经历了很大的冲击和改变，这从它的名称就可以看出来。比如，它有时被叫作封建文化、旧文化，有时被称为民族文化遗产。不同的名称，表明不同时期不同人对待自己的历史和传统的不同态度。

我们都知道，中国的 20 世纪是革命的世纪，20 世纪初期发生的五四新文化运动，则开启和代表了这个时代的精神。五四运动最著名的口号是"科学"与"民主",这是表现启蒙理性的科学主义话语。它所针对的,是所谓愚昧和专制,还有产生了愚昧和专制的旧的思想文化。而在当时,这种旧的思想文化首先就是孔子所开创的儒家文化,所以五四青年喊出了"打倒孔家店"的口号。五四运动的思想领袖陈独秀就说:"要拥护那德先生,便不得不反对孔教、礼法、贞洁、旧伦理、旧政治。要拥护那赛先生,便不得不反对旧艺术、旧宗教。要拥护德先生又要拥护赛先生,便不得不反对国粹和旧文学。"(《本志罪案之答辩书》)在另一篇讨论所谓"孔教问题"的文章里,他把新旧两种文化的对立更提升到宇宙法则的高度。他说:"宇宙间之法则有二:一曰自然法,一曰人为法。自然法者,普遍的,永久的,必然的也,科学属之;人为法者,部分的,一时的,当然的也,宗教道德法律皆属之。……人类将来之进化,应随今日方始萌芽之科学,日渐发达,改正一切人为法则,使与自然法则有同等之效力,然后宇宙人生,真正契合。"(《再论孔教问题》)总之,新旧文化势同水火,不能两立。要确立科学民主,就必须革除传统文化。支配 20 世纪中国思想并主导中国社会变迁的,就是这样一种革命的、彻底的、无所畏惧的科学主义。

具体地说,传统文化自 20 世纪以来的命运大体经历了四个阶段。

第一个阶段从 20 世纪初到 20 世纪 40 年代末期。这时期最著名的就是五四新文化运动，它的影响也最为深远。当时除了盛行科学、民主、自由、个性解放等观念，还有全盘西化论，它们抨击的对象，自然就是孔教、礼法、旧道德、旧思想、旧制度，以及整个旧的知识系统。但是当时的这些批判，主要限于思想文化领域，而且，它虽然是主导的，却不是垄断的。晚清有维护传统文化的国粹主义，民国时则有针对国粹研究的整理国故运动。五四运动的影响虽大，但也有与之抗衡的文化势力，如围绕《学衡》杂志形成的学衡派。当然，在政治和法律领域，革命的主张得到了贯彻，这表现在后来执政的国民党的政治纲领和立法活动里面。不过，相对于当时最激进的那些主张，这些领域里的革命还是相对温和的。特别是，新思想和新制度对传统社会结构的影响还比较有限，所以，实际社会生活受这些改变的影响不像后来那么大。这一点，我们从后来中国台湾社会的发展可以了解到一些。

第二个阶段是从 1949 年到 1979 年。我们刚才提到陈独秀，说到他对于传统文化的态度。陈独秀是什么人？我们都知道，他除了是北京大学教授、《新青年》杂志主编、五四新文化运动的思想领袖，也是中国共产党的创始人之一。所以，如果我们发现中国共产党的意识形态对中国传统文化也持一种激烈否弃的态度，那是一点也不奇怪的。只不过，我们这里谈的不单是一个人的理想和信仰，而是一个政党的意识形态和政治纲领。它们的意义完全不同。1949年中华人民共和国成立，共产主义的意识形态就变成行动纲领，推行到整个国家和社会。有人统计过，从20世纪50年代初到"文革"结束的1976年，中共发动了55次运动。这些运动遍及差不多所有领域，目的是要埋葬旧秩序，建立新秩序，甚至是要从无到有地创造一个全新世界。这包括改造旧的经济关系，消灭所有剥削阶级，扫除旧的社会组织，改造旧的风俗习惯，改造旧思想，创造共产主义新人。这种与传统决裂的革命发生在所有领域，从民间技艺到古典知识，从文化的物质载体到社会的组织形态，再到人的基本价值。这样的革命，在"文化大革命"中达到顶峰。其结果就是文化传承的断裂，传统文化的灭失，民族历史记忆的遗忘。当然，这个过程实际上很复杂，比如，历次运动要革除的旧的思想观念和风俗习惯，表面上被抑制了，实际上没有绝迹。而在正式制度方面，虽然有一整套新的话语、饰词，无论上层政治文化还是国家实际的统治方式，其实都和旧传统有千丝万缕的联系。社会上的移风易俗运动、学习好人好事的道德教育运动、倡导大公无私的观念等等，都根源于传统，有深厚的历史文化渊源。此外，同一时期在中国大陆之外,传统文化的传承并没有中断。在香港和台湾社会,传统文化的命运没有那么悲惨,传统的社会组织、思想观念和行为方式虽然也经历种种改变,但这些改变比较自然和温和,受到的破坏要小得多。1958年元旦,牟宗三、徐复观、张君劢和唐君毅四人联合发表了《为中国文化敬告世界人士宣言》,阐述了他们对于中国文化过去和未来的看法。这个举动反映了当时海外知识分子关于文化传承和发展的自觉意识,同时开出了所谓港台新儒家的统续。

第三个阶段覆盖了整个20世纪80年代。如果说,从20世纪中叶到现在,传统文化的命运前后有一个比较明显的转变,那么这个阶段也许可以被看成是一个过渡期。这个阶段发生的最重要也最让人兴奋的事情,就是和改革开放相伴随的思想解放运动,还有被称为"文化热"的文化大讨论。思想解放运动打破了以往的思想禁锢,解除了对人心的束缚,文化讨论则成为当时的知识分子思考和表达他们对于历史、文化、世界和未来看法的一个重要渠道。经历过那个时代的人一定都记得纪录片《河殇》,也记得这部纪录片播出时引起的轰动吧。现在回过头去看,《河殇》对中国传统文化的批判仍然是简单粗暴的,但它在当时确实很受欢迎,很震撼。这大概也可以说明当时人们热衷于文化讨论的某种心态。当然,这些并不是那个时代的全部内容。比较不引人注意但是同样重要的，是日常生活方面的变化。"文革"结束了，人们开始回到"过去"，或者说，回到一种更普通更世俗更正常的生活秩序当中，在这个过程中，旧的经济关系，比如承包、雇工、财产私有，旧的社会组织，比如宗族，旧的思想观念和习惯，比如宗教信仰等等，也慢慢出现了。这些变化对中国社会后来的发展有很深远的影响。

第四个阶段从20世纪90年代开始到现在，还没有结束。从我们今天讨论的传统文化传承的角度看，这期间的一些动向可以注意。大体上说，经过一百年对传统文化的否弃、毁坏和遗忘之后，一方面，文化荒漠化所造成的灾难性后果还没有消除，对传统文化的各种误解和无知诋毁依然存在，而且，在发展驱动的社会变迁中，在有些领域和方面，传统文化所遭受的破坏比以前更加无情和彻底。但是另一方面，国人对于本己固有文化开始有更多温情的了解和敬意。这方面的事例很多。比如，20世纪90年代尤其是2000年以来，出现了所谓"国学热"，人们对"国学"的热情表现在教育、传媒、出版和学术研究等许多方面，现在已经有了一定积累。比如，有的大学设立了专门的国学院，开设与"国学"有关课程的就更多。相应地，民间也有传统文化的复兴，早期有"气功热"，这些年读经开始流行，更不用说，还有传统宗教的复兴,民间书院的出现等等。这个过程中,各个地方政府也表现出对传统文化的热情,尽管这种热情后面主要是发展地方经济的冲动,但在一定程度上有助于传统文化的传播。另外一个重要因素是外来的,大家熟悉的例子是联合国教科文组织推动的世界文化和自然遗产保护,尤其是非物质文化遗产保护项目。这些项目的实施对在国内促进传统文化的保护和传承,以及传播传统文化保护的理念起了很大作用。此外,在学术界、知识界和思想界,文化保守主义的力量也在加强,甚至出现了一批有儒家情怀的知识分子,他们具有承继古代儒家兼济天下传统的自觉,倡导比如"政治儒学""儒家宪制主义"等等。这个群体的出现开始改变思想界的生态。最后,官方的立场尤其值得注意。大体上说,对于传统文化的复兴,官方立场早先多半是默许,以后尺度逐渐加大,最后变成了倡导。源于传统的典礼不但被允许,而且有了不同层级政府的参与;以前几乎只保留在乡镇的传统节日变成全国的法定假日,这些都是很好的例子。最近几年,党和国家最高领导人在许多重要场合屡屡引用古代经典,对古人的政治智慧和道德实践给予高度评价,更显得不同寻常。这些改变,一方面可以说是顺应了社会的发展,另一方面也表现出一种调整和整合正统意识形态的自觉。毕竟,高喊要"实现中华民族伟大复兴的中国梦",却又对有数千年历史的传统文化采取否弃和敌视的态度,那是很难想象的。

自然,上面讲到的传统文化命运的改变,并没有一个统一的进程,也不是出于一致的规划。就是参与到其中的各种人群和力量,它们各自的动机、诉求、影响也都不同,有的还相互冲突。甚至,有些人说要保护和促进传统文化,实际却另有目的。但是总的来说,这些年确实出现了一个复兴传统文化的潮流,中国人的文化自觉开始慢慢显现。在此基础上,重拾文化信心,进而展现出文化的创造力,也许是可以期待于未来的。

三、 传统文化与现代生活

第三个问题是传统文化与现代生活的关系。

我们讲的传统文化,是一个民族自我意识据以形成的一个基本要素,所以,它一方面为民族的自我认同提供依据,另一方面也为这个民族的存续提供意义,而这些,对于人们理解世界和创造未来都是不可缺少的。当然,文化不是一成不变的,传统也在不断更新。但也正因为如此,文化才具有生命力,传统才能够绵延不绝。这也意味着文化的变迁、传统的更新,一个时代有一个时代的问题。今天,这个问题显得特别重要,也特别艰难。大家都说,传统要融入现代生活需要经历创造性的转化,这话说起来容易，做起来却很难，而且就算有这样的想法和努力，也不是都能成功。因为，所有这些都需要人来完成，而人的能力和见识都很有限，而且，人的认识和努力又总是服从于特定思想、观念、利益和欲望，从属于特定的人群和派别。所以，传统文化的显现和发用，可能成功，也可能失败。其实际的效果，可能是善，也可能是恶。正因为这样，自来对传统的批判也不是全无道理。不过，无论喜欢还是不喜欢，也不管自觉还是不自觉，人们创造历史的时候总是无法脱离传统，因为人总是在既有的历史文化条件下行动，也因为人们经常是浸淫于传统之中而没有自觉。因此，即使是激烈的反传统的主张和行为，也可能透露出传统的影响。比如，照林毓生先生的说法，五四的文化激进主义以为凭借道德可以解决一切问题，这本身就是一种传统的思想方法。孙中山更明确说，他提出的三民主义，其实是取中国传统与西方思想糅合而成，这种说法可以在中国思想史研究中得到印证。更进一步说，中国接受并且走上社会主义道路，也有深厚的历史文化背景，而不都是出于偶然。实际上，严肃而深刻的思想史研究可以证明，过去一百年发生在中国的各种重大变革，无论好坏，都不是简单模仿、移植外国制度和理念的结果，更不是凭空产生，而有极其复杂和深刻的内部原因。比如，据我观察，有些已经有好几千年历史的观念，像是为公的理念、民本思想等,对我们理解中国现当代政治发展中最核心的问题仍然很关键。在某种意义上说,尽管中国现在已经有了现代意义上的国家、宪法和法律体制,我们所面对的一些基本问题却还是过去几千年里困扰古人而且没有得到完满解决的难题。有意思但也很自然的是,在经历了 20 世纪那么多场革命之后,今天中国的政治权威的合法性越来越倾向于用传统观念和语汇来表达,比如"立党为公,执政为民"。这类似曾相识的说法现在已经成了中国特色社会主义理论和实践的重要内容,所以,这类说法完全得不到自由派人士的认可,也应在意料之中。我提到这一点,是因为它涉及传统与现代、地方特色与普遍价值之间的对立,这也是讲文化传承时不可回避的问题。这个问题很大,这里不能细讲。只说一点,就像为公、为民这类传统的思想观念,作为中国人熟悉的历史悠久的传统,可以说是中国人生命经验的一部分,它们不但过去很重要,今天也还有价值,恐怕未来也是如此。当然,在现实中,这些思想观念可能被扭曲、滥用,被用来掩盖和粉饰各种各样的私心、私利,但这并不说明这些思想观念本身没有价值。许多罪恶是以"自由"的名义犯下的,但自由不会因此失去价值。这道理是一样的。我们要做的,也只是不因为一些思想观念是传统的,就认为它们已经过时,没有价值,或者因为它们在历史上和实践中表现出这样或那样的局限性,就弃之如敝屣,而是以同情的同时也是批判性的态度,深入地了解和解析这些思想传统,探求它们与现代社会的内在关联,发现它们融入现代生活的可能性,进而自觉体认这种传统,真正实现它们的价值。

四、 传统文化的传承与创造

最后谈一下文化传承与创造的问题。

前面说了,文化总是不断变化的,传统因为有发展才能够延续。所以,文化传承不是机械的、一成不变的,而变,要通过创造来实现。那么,创造同传承是什么关系?创造是不是意味着批判呢?我的看法可以用两句话表达。一句话是:创造基于传承。另一句话是:批判以尊重为先。讲文化的传承和创造,中国历史上最伟大的人物莫过于孔子了。孔子祖述三代,尤其推重周制、周公,他传授古代文化,也只是整理编撰,述而不作。但是另一方面,孔子以仁说礼,实现了中国文明轴心时代的思想突破。这是以批判和创造实现文化传承的典范。反观今人,嘴里喊着"去其糟粕,取其精华",其实傲慢粗暴,为真正的文化发展带来灭顶之灾。从认识上说,这是科学主义的傲慢造成的结果。从政治上说,这是禁锢人心、垄断思想的结果。思想文化的创造要有条件,而最重要的

条件,其实就是大家都熟知的陈寅恪先生的那句话,就是
"自由之思想,独立之精神"。这是中国人自己的经验。
大家都熟悉先秦诸子百家的例子,我们就不说了。当代
中国知识分子,1949 年之前和之后在思想学术上的表
现,无论个人的还是群体的,都判若两人,这种现象同样
说明问题。政府垄断思想文化资源,不可能实现真正的
文化繁荣。这不是钱的问题。事实上,政府今天投在大
学和学术研究上的钱比过去任何时候都要多,但是投入
和产出(思想文化创造)完全不成比例。说到底,这还是
因为个人的创造性没有受到尊重,思想和表达的自由没
有得到保障。在这种情形里,我们看到另一种傲慢,我们
可以称之为权力的傲慢,它以为权力无所不能,以为靠权
力,当然还加上金钱,就可以创造世界一流大学,就可以
造就思想大师。要消解这种傲慢,我强调一个字:敬,甚
至,敬畏。敬畏什么? 敬畏天地——自然和社会的法则;
敬畏古人——文化与传统;敬畏生命——每一个个体。
只有先有敬,才有思想和文化的开新,才有健康的心灵、
活泼的生命、有根基的学术与思想和良善的社会秩序。

我们需要一个说理的社会[*]

刚才听到一些很有意思的言论，有点感想，先发表一下。

第一点，刚才盛洪讲到中国和朝鲜的区别，说我们这边动物更自由，我们有动物的自由。这肯定不是动物的观点，如果动物能够表达，我猜，他们多半不同意这个说法。在我看来，生活在中国的动物恐怕更悲惨。朝鲜动物的处境怎么样，我没有考察过，但有一点可以肯定，朝鲜的工业化养殖规模很小，朝鲜人均肉类消费量，或者更一般地说，各种动物制品的人均消费量，恐怕连今天中国人均消费量的零头都赶不上。野生动物的情况估计也差不多。前两年陆川拍了一部关于野生动物的片子，叫《我们诞生在中国》，电影拍得很美，但这个片名却有点讽刺。因为中国境内野生动物的生存境况很糟，不但栖

---

[*] 本文根据笔者 2018 年 1 月 9 日在"2018 年新年期许"论坛上的发言录音整理而成。

息地不断减少,还面临各种野蛮捕猎和杀戮。比如一种叫禾花雀的小鸟,过去到处都有,但这些年被大肆捕猎,数量锐减,成了濒危鸟类。中国是世界候鸟的重要飞越地,每年飞越中国的候鸟也有很多遭到捕猎和杀戮。国人对动物制品的消费也殃及生活在世界其他地方的动物,包括野生动物和饲养动物。有一个统计数字说世界皮草市场的80%以上是在中国。前些天我坐地铁,从车厢到站台到通道,前后左右,到处都看到穿戴皮毛的人,我就知道这个数字不是没有根据的。其实这些人根本不需要动物皮毛来御寒,他们只是为了装饰。

第二点,刚才建勋讲到,有些人拒绝事实,不是政府不让他们了解事实,而是他们自己不愿面对事实。确实是有这种现象。其实,这种现象不止我们身边有,其他社会也有。不久前的美国大选,支持特朗普和反对特朗普的两派,基本上都没有因为出现了什么新的"事实"而改变立场。类似现象在中国台湾的蓝、绿对立中也可以看到。之所以如此,是因为"事实"不能完全脱离人的主观认知和意愿,人们眼里只有自己想看的"事实",只相信自己想要相信的东西。人的这种心理特性其实很普遍,不止我们批评的人身上有,我们自己也可能如此。前两年读到一篇前苏东国家的知识分子的文章,讲他们一个"发现真相"小组经历的事情,开始的时候,他们只是要突破政府的种种阻碍和掩盖找出事实真相,慢慢地,他们发现,真相不像他们想象的那么简单,要发现事实真相,不但要克服各种外在的困难,还必须去除内在的障碍,超越自己。这样,他们的工作就不仅在当时有价值,在铁幕崩塌之后依然有价值。

我在今天这样的场合说这些,也许有的朋友不以为然,但我觉得很重要。我们须要面对和承认一个基本的事实,那就是我们和别人一样是有限的,我们对事实的认识也如此。所以,我们应该保持一种开放的和自我批判的态度,无论在知识上还是道德上都是如此。只有这样,我们所发现的事实才可能是有价值的。

以上是我的两点感想。现在回到正题,我今天要讲的题目是《我们需要一个说理的社会》。

其实有这个想法很多年了。今天还在这里讲,是因为这么多年过去了,每每看到身边发生的各种各样的事情,依然觉得这种需要很迫切。我们应该生活在一个说理的社会里,这样的社会更文明、更美好。我把自己一点浅显的想法说出来跟大家分享,也想听到各位的批评。

过去的这一年,对我个人触动最深的事情是发生在我们身边的核危机。我觉得,自20世纪古巴导弹危机以来,人类从未离一场核危机这么近。如果这个危机真的爆发,我们今天谈论的很多事情就没那么重要了。我们面临的是其他问题,那些问题真的是生死攸关,而且真的把人类变成了一个命运共同体。所幸这个危机暂时没有发生。我们这里还是其乐融融,市井繁华。

不过话说回来,我个人这样感觉,可能是因为我没有其他某种切肤之痛。对另外很多人来说,核危机的事有点遥远,眼下切实的感觉是,"这个冬天很寒冷"。前段时间网上有一则图片:大冬天里,一群小学生把课桌搬到院子里,在露天下上课写作业。为什么?因为外面有阳光,而教室里太冷。这张照片很让人心酸。北京大兴的一场火灾,也让很多人感觉这个冬天非常寒冷。这些人虽然没有被大火烧到,但是他们的个人财产和居所一夜之间都没有了。

最近网上流行一个段子,大家可能看到了,说的是"低端"人群见面会问:你的房子还在吗?"中端"人群见面会问:你的孩子还好吗?而"高端"人群会问:你什么时候进去?不同的人群关心的问题似乎不大一样,但都涉及一个问题,那就是作为中国公民的我们的财产、自由、安全和尊严。我今天要讲的,根本上涉及的就是这些问题。

首先要说一下,什么是说理?照我的理解,一个社会里的人遵循某种共享的规则而展开的表达、论证、说服活动,就是说理。说理是一种主体间的活动,所以它不仅是一种个人的思想方法、行动方式，更是一种社会互动的形式，是一种生活方式，甚至可以说是一种文化样式。

跟说理接近的词是"讲理"。这两个词是共通的，但具体的用法有些不同。讲理主要关乎主体的立场、原则、姿态、态度等，关涉的问题是讲理和不讲理。说理涉及的主要是这种活动的真伪、优劣、高下等方面，比如会不会说理，说理说得好不好。如果我的题目改成"讲理"，问题就变成这个社会讲不讲理，社会成了主词。这不是我想要说的。我在讲说理的社会的时候，其实指涉的是社会中的各个主体，包括个人、组织、机构，是他们交往的一种方式，也是一套制度、一种文化，或者人们的一种习性、一种互动方式。总之，可以说，说理就是讲理，只不过在讲理的基础上更进一步，把讲理的方式、方法和品格、品性揭示出来。

那么，为什么要说理？说理的价值在什么地方？我想，说理最显著的特质，就是它的非暴力性，实际上，它也反对各种非理的强制，反对各种横暴的权力，尤其反对用暴力方式来解决可以用说理方式解决的问题。说理意味着社会主体之间存在最低限度的互相承认和互相尊重。你要承认对方的存在是合理的，承认其利益和诉求具有正当性，就必须倾听对方的意见。这也意味着某种基本的社会共识，某种休戚与共的共同体意识，这又涉及社会凝聚、社会权威之类概念。所以，我们司空见惯的各种赤裸裸的压迫、压制，或是没有道理可讲的剥夺，在这里都是反社会的、不可接受的。

当然，说理的情况实际上很复杂。有形形色色的说理，其中的一些既不真诚，也不真实。比如有虚伪的说理，有拙劣的说理，有偏执的说理，还有作为权宜之计的说理，这种说理不能说完全不真诚，但要不要说理，说什么理，完全出于利益考虑，所以会变来变去。大家熟悉的成语"强词夺理"，说的又是一种情况。前几年网上有一个段子，大家可能看到过："你跟他讲法律，他跟你谈政治；你跟他谈政治，他跟你讲民意；你跟他讲民意，他跟你耍流氓；你跟他耍流氓，他跟你讲法律。"这些"说理"不过是做出一个说理的样子，其实徒有其表，骨子里是不讲理。不过，做做样子的说理也强似赤裸裸的强制，因为它表面上承认了说理的价值。总之，我是把说理同非理强制和暴力这类东西作为互相对立的范畴来理解的。一个社会，说理进一步，暴力就要退一步。事实上，有人就以暴力的消、涨来作为人类是否进步的判断标准。可见对暴力的控制和抑制在人类社会中具有普遍的意义。

那么，什么是说理的社会？按我的理解，说理的社会就是一个以说理原则主导的社会，一个通过一系列制度来保障说理原则的社会，一个人们乐于并且习惯于通过说理来彼此相待的社会,也是一个尊重并且善于说理的社会。我们也把这种社会叫作文明社会。

从人类整个文明的发展来看,可以看到一个大趋势,越来越多的事通过说理来解决,越来越少的事靠暴力的方式来解决。而且,不管实际上怎样,通过说理来解决个人与个人、个人与社会、群体与群体、国家与国家之间的分歧,是当今世界普遍接受的文明准则。

现在,我讲讲说理跟法律的关系。

刚才讲说理的社会要有制度来保障,就涉及法律的问题。法律当然不是制度的全部,但毫无疑问是制度非常重要的表达方式或者呈现方式。那么,说理和法律是什么样的关系?这涉及怎么去认识法律,这在法学上当然是很基本的问题,关于这个问题,有各种各样的学说。但在这里我想说的或者想突出的一点是:说理是法律的特性。我这样说,可能有人会站出来反对:不对,强制性才是法律的特性,法律是靠国家暴力来支持的。这种观点,我们当然很熟悉。中国主流的意识形态就是持这种法律观的。过去讲法律是专政工具,是刀把子,都是如此。今天这么讲的人不多了,但是一般的法律定义还是强调强制性的。其实,从强制的角度去认识法律,不光是中国,西方的法学也有这样的传统。只不过,这种看法现在有了很大的改变,尽管人们并不否定法律具有强制性,但他们也相信,强制性并不是法律最根本的特征。因为只有强制性并不能成就法律。用我这里的话说就是,法律上的强制基于说理,法律的强制应该是一个说理的强制。就因为这一点,立法者、司法者和执法者才区别于劫匪和强盗。就是靠了说理,单纯的强制命令可以进于(变成为)法律,外部的强制可以转化为内心的服从。我们经常讲的法律的权威性,跟人的内在认同、内心确信、内化的正当性这些概念是有密切关系的。实际上,不管哪一种文明的法律,它们能够大范围地传播,长时间地流传,最根本的原因都是有"理"在里面。中国有所谓"天理-国法-人情"的说法,这是我们很熟悉的。过去的国法就是王法,所以又有"目无王法"一说,但人们这样说的时候,并不只是因为王有警察、军队和刑罚手段,更重要的是王代表了天命、天道,王法里面有天理,而这个理是通过各种方式表达出来的,是大家接受的。中国古代法律能够流传几千年,根本上靠的是这种建立在理的基础上的权威性。

关于法律的说理性,过去还有一句话:"八字衙门朝南开,有理无钱莫进来。"这句俗语固然是批评衙门的腐化,但这句话里有一个重要的前提:衙门是说理的地方,讲法律就是要说理。只不过,这样一个说理的地方被腐化了,腐化了以后就不讲理、不讲法了,改讲钱了。这就是人们常说的徇私枉法。由这个例子我们也可以发现，就像说理可以是虚假的一样，法律也可能徒有其名。我举两个例子，一个是文学的，一个是历史的。

美国作家约瑟夫·海勒笔下的"第22条军规"，可以被理解为一条法律。但这条法律的规定实际上是一个让人走不出来的怪圈。这样一个规则，这样一条法律，看上去似乎规定明白，其实是不讲理的。另一个例子是索尔仁尼琴笔下的苏维埃1926年刑法典第58条，读过《古拉格群岛》的朋友应该都有印象。那个条款非同寻常。索尔仁尼用"伟大的、雄健的、丰富的、多权的、多面的、横扫一切的、把世界囊括无遗的"这样一些词来形容这个第58条。因为任何人因任何情况都可以被它治罪，它还不是政治罪，而是国事罪、刑事罪。我们的法律里也有些条款具有类似功能。它们都是非理之法，所以是荒谬的，不能服人的，也不可能长久地流传。

这里，我不准备去讨论各种各样的非理之法，就讲讲现代法的一般情况。我们看现代社会中的法律，至少在规范上，立法、执法和司法的每个环节都有很强的说理的成分。比如立法要通过各种程序，包括民主商议、专家论证，需要充分说明理由。执法也是这样，决策有听证程序，处罚要有法律依据，不服处罚的有救济程序。进入司法，程序更多更细密，庭审要公开透明，当事人要有充分的申辩机会,证言证物受到公开检验,证人要接受质证,判决更要说理,不光给当事人看,还要公开,接受全体法律人和全社会的检验。可见,说理是法律的一个重要特点。

关于说理和法律的问题,下面还要讲,但在这之前,我想先回到我今天发言的主旨,也就是我想要表达的新年期许。为什么我的期许是建立一个说理的社会,原因很简单,那就是因为我们没有生活在一个相对理想的说理的社会,我们的社会有很多非理的强制,甚至是充斥着暴力。

关于这一点,我想从两个方面来说。首先是历史。大家经常说中国的 20 世纪是一个革命的世纪。革命就是暴力,而且是摧毁正常秩序的暴力,这种暴力是不跟你讲道理的。不过,革命也有革命的"理",但这是讲"暴力有理"的"理"。它只是说,暴力是正当的,暴力是必须的,牺牲是必要的。为了一个"美好"的目标,不但可以牺牲一个人、一群人,而且可以消灭一个阶级,就用暴力手段,没有说理的程序,也不给人申辩的机会,甚至连一个认真审核的过程都没有。而且,不必是战争年代,和平时代也是如此。

前两天看到一篇微信公众号文章,讲"文革"初期的暴力,虽然只是个人经历,范围有限,但讲出来也足以让人感到触目惊心。抄家、批斗、侮辱、殴打、杀害，无需说理，也不经过法律。因为"造反有理"，因为"革命不是请客吃饭"，因为"要消灭反动派"，因为"阶级斗争是纲"，因为要"不断革命"。这还是形势一片大好的承平时代，在战争年代、肃反时期、大饥荒年代，强制和暴力更不是问题。过去的一百年，中国人经历了一波又一波这样的非理强制和暴力。我们是带着这种历史印记走到今天的。本来，我们应该记取这样的惨痛经验，彻底清算过去，这样才能告别那个暴力的时代。但我们没有，而这首先是因为不被允许，这种不允许自然也是强制性的，不是说理的。前面很多朋友谈到言论空间、表达自由问题。现在的言论禁忌之多超乎以往，互联网上，人们为了逃避审查发明了各种替代符号，各种稀奇古怪的语汇，几乎让汉字和汉语面目全非。而这些禁忌的设置都是非理强制。不允许用某个词，不允许传播某种思想，不允许表达某种意见，并不是因为这些语词、思想和意见危害到他人的生命、财产、安全，但就是不允许。没有合乎道理的理由，也不容讨论和申辩，当然就更没有救济途径。所以，今天的社会仍然充斥着暴力，这一点也不奇怪。从家庭到幼儿园、学校、社会，从市井社会，我们所谓的正常的社会，到看守所、监狱，从医院到法庭，从乡村到城市，我们能看到各式各样的非理强制和暴力。

下面我想对这些非理强制和暴力做一点分析。大体上，我把所谓非理强制和暴力分为下面两种形式。

第一种是非国家的强制和暴力。这方面最简单的事例就是"犯罪"。我把犯罪两个字打了引号，因为犯罪是一个人为设定的范畴，不是自然的、当然的事情。尽管如此，人类历史上，"犯罪"是一种普遍现象。换句话说，非国家的强制和暴力是普遍现象，具有一般性。不过，这种现象也有特殊性，比如我刚才讲到的中国20世纪的历史就表现了一种特殊性。特定历史经验和条件，一个社会的教育状况和文化，还有国家对待私人强制和暴力的态度，它在法律上的回应，这些东西共同决定了一个社会中非国家强制和暴力的基本状况和面貌。而我想强调的是，非国家强制和暴力的表现，很大程度取决于国家在一个社会和文化中所扮演的角色，说得更具体一点，取决于国家强制和暴力运用的情况。

说到国家的强制和暴力，这好像不是一个问题。国家拥有和使用暴力似乎是天经地义的事情，因为在定义上，国家就是合法的暴力，而且这种合法的暴力具有排他性，私人不得拥有。所以，只有国家可以惩罚犯罪，私人不可以。不仅如此，至少在现代社会，私人的强制和暴力，即使没有被完全禁止，也受到严格限制。不过，关于国家的强制和暴力，可说的话其实很多。下面讲几种情况。

第一种情况：暴虐的国家。历史上有所谓暴君、暴政，古罗马皇帝尼禄就是一个出了名的暴君，中国历史上的秦始皇，也有暴政的恶名。不过，见识了 20 世纪国家大规模使用暴力的人，应该对什么叫暴君、暴政、暴虐的国家有真正的了解。因为，跟 20 世纪那些风流人物相比，尼禄、秦始皇之辈实在是小巫见大巫。

第二种情况是国家对暴力的非法使用。例子很多，比如各种刑讯逼供，它们造成了很多看守所里的离奇死亡、审讯室里的不正常死亡，还有很多大家熟知的冤假错案。这类非法暴力也包括从孙志刚案到雷洋案之间许许多多、大大小小的案件，包括饱受诟病的城管执法，还有过去在农村司空见惯的各种国家暴力，比如为收缴农业税或者强迫计划生育而使用的国家暴力：拆房子、扒灶台、砸锅、强牵猪牛、强制绝育等等。现在，农业税取消了，计划生育政策也放宽了，这类事情也消失了，取而代之的是征地、拆迁过程中的暴力，这种暴力甚至更血腥。当然，征地拆迁中发生的暴力有很多是非国家的，这涉及我要说的第三种情况：国家姑息甚至纵容的暴力。

不知道大家是不是注意到了，我们的社会里有一种奇怪的现象：一方面，在对个人、社会的关系上，国家过于强大，政府不但掌握了太多资源，而且经常行事专断甚至强横。相比之下,社会弱小,个人的声音更是微弱。但是另一方面,对于社会上大量非国家的强制和暴力,只要不是被认为是针对国家的,政府的态度又经常是宽容的、暧昧的。结果是,各种不法暴力得不到有效遏制,守法公民常常处于缺乏安全感的状态。一个典型的例子是所谓"医闹"。经常有这样的报道:一些人因为某种原因对医护人员或者医院不满,就辱骂、责罚甚至殴打医护人员,有的霸占病区,有的停尸示威,还有的大打出手,大闹医院。发生了这样的事,医院方面没有执法权,只能报警。但是警察来了解情况,加以劝导和阻止,也是制止不力。我相信,在一个文明社会,一个法律相对健全的社会,不会有类似"医闹"这样的概念,辱骂、殴打、滋事、非法拘禁、危害公共安全,这些是轻重不等的犯罪,律有明文,警察来了不问是非,先把施暴者铐起来带走,要说理上法庭说。可惜的是,我们这里不是这样。大家都知道山东聊城于欢案吧,这是去年上了很多报纸新闻头条的案件。追债公司非法侵入他人经营场地,拘禁他人,限制其人身自由,对他人辱骂、殴打,甚至当着成年儿子的面公然猥亵其母,这么多严重违法犯罪行为,警察接到报警来到现场,居然说讨债可以,打人不行,然后就把双方一干人等留在房间里出去了。这真是匪夷所思,但这正是我们生活的常态。最近看到一个消息,郑州一个消费者因为网上订的东西没有送到,投诉了卖家,结果遭到卖家威胁,最后那个卖家千里之外跑到郑州去袭击了这个消费者。有人说这个消费者在受到威胁时应该报警,但在中国,这样的报警警察会管吗?可能不会。所以这样的事情就发生了。前段遇到一位律师朋友,他的律所接了一个案子,对方当事人就组织了一帮人到律所来骚扰,逼他们放弃代理。之前一个律所接了这个案子,就是因为不堪骚扰和压力最后放弃了。这可是中国排名前三的律所,总部就在北京的 CBD。他们报警,警察都懒得来。他们只好让保安守住大门,不认识的人都不让进。结果对方就在网上编造事实,大肆攻击这家律所的负责人。这可是诽谤,但在中国,这种事算什么?律师也只好佯作不知。老实说,在中国这样的事情也真的算不了什么。有一个真实的案子,也是不久前的,两个人闹离婚,男方多次威胁女方,要打要杀,女方和家人都很紧张,警察却不当回事,后来双方到派出所接受调解,警察还让他们独处,结果男方就在派出所里杀了女方。这类制止非法暴力不力的事例还有很多。前段时间有报道说丽江旅游者被打,伤情严重,最近曝出冬季旅游地强买强卖,其实这类现象一直都有,但事情不闹大就不会引起政府执法部门的重视。问题是,如果法律对各种各样的小恶不闻不问甚至姑息纵容,公民就会生活在是非模糊和缺乏安全感的环境之中,而那些小的不法强制和暴力就会生长、蔓延,整个社会就会被戾气所笼罩。在这种环境里,大部分人遇到这类事尽量躲避,躲不开就忍着,忍不下去的就以暴抗暴了。于欢就是这样,结果一审被判了无期,二审改判,虽然有社会舆论的压倒性支持,还是被判了五年有期徒刑。当年杀死城管的小贩崔英杰,因为舆论的高度关注和同情保住一命。后来的贾敬龙虽然也得到不少同情,却没那么幸运。这些人杀了人还得到很多人同情,就是因为他们本来都是安分守己的老百姓,后来杀人都有些被逼无奈的成分。但问题是,这么多杀人者能够得到同情,只能说明我们的社会出了问题,我们的法律出了问题。毕竟,如果我们的日常生活里没有那么多不法暴力,如果法律对那些不法强制和暴力采取一种绝不宽容的态度,这些悲剧多半是可以避免的。反过来讲,那么多人,包括那么多法律人同情杀人者,赞同以暴抗暴,对社会来说也不都是好事,它会让人们越来越习惯于暴力。

顺便说一点。有刑法学家批评我们国家的刑法太重,死刑太多,处罚太重。这种情况确实存在,也确实需要改变。但只是说中国刑法太重恐怕也简单化了。按上面讲的,不管是法律本身还是执法者的惯常做法,对社会上大量的非法强制和暴力行为采取了姑息、宽容甚至纵容的态度,我们能简单地说中国的刑事法律太重吗?一两年前，媒体报道了一个美国中学的校园凌虐案件，几个中国女留学生凌虐同学，都被逮捕、指控，其中超过 18 岁的有三个人，虽然同检方达成认罪协议，但还是被判处从 6 年到 13 年不等的徒刑。在中国人看来，这样的判决重得太离谱了，简直令人难以想象。在我们这里，这主要还是个教育问题。如果是未成年人，即使犯下严重罪行，处罚也很轻。甘肃有一个孩子用硫酸把女老师烧成重伤，当地没有少年教管所一类机构，就把孩子交给他父亲带回家管教。总之，在中国，对于私人之间的非法强制和暴力行为，尤其是还没有造成"严重后果"的那些，法律的尺度太松太宽。在这方面，跟文明和法治化程度更高的国家和地区相比，我们的法律不是过重，而是太轻。

除了上面三种情况，还有几种情况。一种是，虽然国家运用的是合法的强制和暴力，但是说理不够。比如行政处罚或司法判决理据不充分，相关程序有瑕疵，或者程序表面上完整，实际是走过场。另一种情况是救济不充分甚至没有适当的救济途径，让人无处说理。生活中有很多这样的事例，某些机构作出限制公民权利的这种或那种决定，连个文字凭据都没有，你想告它也没有证据，有些机构也不是国家行政机关，你也没处去告。有的案子，就算能告，法院找个理由不受理，你除了在媒体上制造点舆论，也没有其他办法。问题是舆论本身也受各种限制。前面讲律所的例子,在网上攻击某个律师、律所没关系,法律不当回事,律师也无可奈何,但你批评党政部门或有权势的官员试试。这些做法,按这里的说法,就是非理的强制和暴力。可悲的是,这种非理的强制和暴力在我们的生活中天天都在上演,因为这个社会就是这样来治理的,而这恐怕是我们的社会充斥暴力的制度性根源。

上面讲了两类非理的强制和暴力:国家的和非国家的。我想强调的是,这二者性质不一样,重要性也不同。要建立一个说理的社会,祛除充斥于我们社会中的暴力,让我们的社会变得更文明,国家负有双重的责任。一方面,国家是有组织的暴力,它的力量、规模和制度化程度是任何私人无法相比的。国家滥用暴力,不管是有形的还是无形的,都会造成非常严重的后果。所以国家必须约束自己,或者说,国家必须依法行使权力。另一方面,国家既然是合法暴力的拥有者和垄断者,它就负有一种特殊的职责,那就是要维护和保全这个社会。它在防止和抑制私人强制和暴力,培育、训练和养成整个社会说理的习性,提高社会文明程度这些方面具有不可替代的作用。在这方面,国家的失职会造成严重后果。如果国家不能尽责,甚至自己就滥用暴力和强制,蛮不讲理,那么这个社会就一定是一个充斥暴力的社会,这样的社会就是一个野蛮的社会，一个所有人都没有安全感的社会。

所以，我最后要说的是，造就一个文明的社会，一个大家能够安居乐业的社会，应该从国家的自我约束和守法开始，从国家的改造和转变开始。今天讲法治中国，我觉得一个非常重要的含义，就是要把中国变成一个说理的社会，一个尊重说理、保护说理、对非理强制和暴力绝不容忍的社会。

重温改革精神[*]

日前参加了一个以"改革开放史"为主题的论坛。"论坛"聚焦于经济、法律、改革开放史研究三大领域,共有报告 12 篇,且报告人,也包括评论人,均为中国改革开放的见证人和深度参与者,故"论坛"不但内容丰富,也启人深思。会议结束前,主持人让我做总结发言,我整理当日印象,用三个主题词来串联我在会上听到的各种议论与关切,同时就"改革开放"这个大题目略陈己见。这三个主题词是:公私,法治,解放。

法学家江平先生以"锁住公权,保护私权"为题,回顾了过去 40 年通过法律规范公权、保护私权的历程。这一叙述的规范性意味显而易见,不过与此同时,公权与私权相互关系的变化,也不失为观察和描述这一时期法律发展与社会变迁的一个角度。进而言之,整个改革开放

---

[*]　本文根据笔者 2019 年 1 月在洪范法律与经济研究所在北京组织的"改革开放史研究"论坛上的发言整理而成。

的历史也未尝不可以从公、私关系及其变化的方面来认识。如经济论域里的核心概念"市场",社会论域里的"家庭"和"社会组织",政治和法律论域中的"个人",通常都被认为是公、私关系中私的方面,它们与"国家"的关系就是私与公的关系。而改革开放至今最引人注意也最意味深长的变化,概括地讲,就发生在国家与社会的关系方面:前者代表公和公权,后者则由个人、家庭、市场等私的要素构成。至于这种变化的大方向和趋势,套用一句经常被用来描述经济现象的说法,便是"国退民进"。所谓"国退",是说改革开放前的全能国家变身为有限政府;政治统帅一切变成党政分离、政企分开,即承认政治、法律、经济、社会、文化诸领域性质与功能不同,各有其自主性;最后则是承认人民的私欲有其正当性,尊重个人的追求与表达,从而为私权与私域的生长留出空间。"民进"就出现在这样的背景下:私人生活成为可能,家庭归于正常,市场日渐壮大,社会恢复生机。与之相伴的,是权利意识的觉醒,私权保障的制度化,以及由此生发出来的规范公权的主张。"锁住公权,保护私权",此之谓也。

然而,"国退民进"又不能简单地说成"公退私进"。公私关系其实比上面讲的更复杂。事实上,公、私各有其正当性。私权需要保护,也需要规范;公权需要限制,也需要维护。而且,私权的保护需要公权来实现,现实中若出现公权与私权之间的紧张，也并不总是公权无理，私权当行。当日会上有听众就此提问，并举出生活中应以公权限制和规范私权的具体事例。循此思路，我们可以发现大量以公权平衡私益、维护公益的微观事例，而此类工作，对于一个健全的社会来说实属必须。问题是，在上述语境中，无论是主张"锁住公权，保护私权"，还是主张通过公权规范私权的必要性和重要性，基本都是在对立的关系中看公与私，进而基于不同的考量主张公权或私权的优先性。但这只是公、私关系的一个面向，公、私关系还有另一个面向，这个面向超出了前者，涉及对前一种公、私关系的重新界定。这个面向，简单说便是，公出于私，乃是天下诸私的集合与转化，而公权之尊，也非因其系于国家、政府，而是因为它能尊重和保障作为公之来源的天下诸私。就此而言，承认、尊重和保护私权，不但是公权的重要职能，也是其正当性所在。

关于这一点，古人的说法是"天下为公"。所谓"天下为公"，直接的意思就是政权属公，即天下是天下人的天下。而要做到这一点，"君天下者"便不能以其个人私欲、私意掺杂其间，而是"以天下之心为心，以天下之耳目为耳目"，进而"通天下之志，尽天下之情"。（语出唐人陆贽）换句话说，作为统治者的"君天下者"不能有个人的好恶，万民却可以有，不但可以有，还应当被统治者满足。统治者以万民的欲念为自己的欲念，天下为公就实现了，统治的正当性也因此得以确立。时下流行的政治话语，比如"立党为公""执政为民"和"三个代表""为人民服务"等，显然也是出于"天下为公"的思想传统。只不过，在现代社会条件下，实现"天下为公"的方式有了很大改变，其中就包括用"主权在民"理论替代"民贵君轻"的说法，以权利话语取代道德话语。要让"君天下者"以"天下之心为心"，重点也不再是"正君心"，而是实行"民主与法治"，是"把权力关进笼子里"，而这个笼子是由宪法和法律铸成的。于是，国家治理的方式也由传统的"治法"和"治人"变成现代的"法治"。

把"法治"列为"改革开放"的主题词可以说十分恰当。建设"民主与法制"，是改革开放伊始就确立的目标。当时强调民主，针对的是"文革"中盛行的"个人迷信""家长制"和"权力过分集中"；讲法制，则是要把民主"制度化、法律化，使这种制度和法律不因领导人的改变而改变，不因领导人的看法和注意力的改变而改变"（邓小平语）。数十年后，法律方面的变化，除了有更多的法律、更多的法官、更多的诉讼和更多的律师之外，"法治"观念也普及于社会，甚而进入官方主流话语。然则，何谓法治？曾参与创建中国证券制度和制定《证券法》，也是那日"论坛"报告人之一的高西庆先生的一个说法——

"可预测性"，虽然不能算是对这个问题的回答，却点出了法治最重要的一项功能。邓小平说要让国家大事"不因领导人的改变而改变，不因领导人的看法和注意力的改变而改变"，也包含了这一层意思。甚至，古人讲"治法"，也是要解决个人恣意带来的不确定性问题。所以，古人用"公"和"信"来定法的性质："法者，天子所与天下公共也"；"法者，国家所以布大信于天下"。其中隐含的前提是，法律具有权威性。法律一经制定颁行，所有个人、组织都要受其约束。这既是古人的理想，也是现代法治的基本义。只不过，现代社会的生活样态远较古时复杂、多样，因此，人们对法律的倚重更甚，对法治的要求也更迫切。

改革开放40年，中国法律发展速度惊人，成绩显明，但距离实现法治的目标仍有相当距离。当日也有报告人以生动案例说明，比较立法方面的发展，执法上的差距巨大，有的地方几乎与无法同。其实，不谈那些令人触目惊心的个案，只要看看频发的政府公信力危机事件，看看有如惊弓之鸟的民营企业家对随便一个什么人的"民营经济退场"言论的集体性过敏反应，看看一波又一波逃离这个国家的移民潮，你就可以知道今天中国社会生活的"可预测性"是多么低，知道作为天下共信之物的"法"在这个社会中的分量有多轻。

我用作总结的最后一个主题词是"解放",这也是这个以"改革开放史研究"命名的"论坛"上人们用得最多的一个词。"论坛"报告人频频使用的另一些词汇,如"松绑""解禁""解密"等,也与"解放"有关。这一点也不奇怪。改革开放始于一场思想运动,即"思想解放运动"。不仅如此,整个"改革开放"实际上就是一场"解放"运动。"开放"本身的解放性自不待言,"改革"的目标也是"解放":解放思想,解放心灵,解放想象力,解放社会,解放生产力,释放创造力。"解放"的反面是"禁锢""限制""封闭"和"不自由",因此,"解放"就意味着去除各种不合理的限制,打破种种思想、言论、理论和实践方面的禁区,一句话,就是还人民以自由。中国社会所以有"改革开放","改革开放"所以有今天,其源头在此。

尽管"解放"主题贯穿"改革开放"的所有领域和所有方面,我当日发言的重点却落在"改革开放史研究"上,这不只是因为这次"论坛"的主题就是"改革开放史研究",几位报告人如章百家、沈志华、萧冬连等对此议题均有深入讨论,且思想学术领域与"解放"议题的相关性最直接,对禁锢与限制也最敏感,更是因为这个议题涉及意识形态的大问题。

沈志华的发言提到时下的两个热词:"智库"和"话语权"。他认为这二者都很重要,但必须同"宣传"区分开来。因为"智库"的价值在于能够提供独立、客观的知识和意见，"话语权"的确立则要有能够服人的权威性，这两样东西都无法由"宣传"获得，却可能因为被混同于"宣传"而受害。这种区分涉及对意识形态的性质、地位和功用的认识。

毫无疑问，意识形态是我们时代的大问题，但也是人们常常自以为了解而实际并不真正了解的问题。运用国家强制力对"意识形态阵地""严防死守"就是这方面的明显证据。这样说的理由是，意识形态之所以在政治上重要，就是因为它能够在硬的国家机器及其强制手段之外，提供一套关乎政权合法性的理论和说辞，这套理论的说服力越强，它被接受的范围就越大，程度就越深，距离硬的国家机器就越远，建立在这套理论和说辞之上的政权也就越是稳固。相反，一旦这套理论和说辞要靠各式各样的国家强制力来维持，它就不再能够有效发挥意识形态应有的作用，甚至干脆不再是"意识形态"，而成为硬的国家机器的一部分。没有意识形态支持的国家是脆弱的，因为其统治成本高昂，其中就包括以强制手段维持所谓"意识形态"的成本。了解了这一点，我们就知道意识形态对于一个政权有多重要，而保持思想学术领域的"解放"对于建构有生命力的意识形态又有多重要。说到底，只有在人们拥有或自以为拥有自由表达和自主选择的情况下,意识形态才能够存在并发挥其作用。

"解放"的题旨还可以从另外两个主题词上去理解。如果公是诸私的集合与转化,如果"为人民服务"最后要落实到一个个具体的人身上,公的察知和实现就必须以诸私的自由表达为前提。相反,在禁锢人民思想和处处限制民众表达的制度下,国家声称所代表的"公"总是令人怀疑的,也很难得到人民的信任。实行民主和法治有助于解决这一问题。民主意味着参与范围的扩大,法治意味着某种自由秩序的实现。它们都属于"解放"的制度形式。通过对这三个主题词相互关系的思考,我们对"改革开放"的精神应当有一个更完整的理解。

最后要问一个问题:为什么要谈论历史?回答很简单:历史是理解现实的重要途径,因此,谈历史便成为关注现实的另一种方式。萧冬连先生在发言中说,只有先了解"文革",才能理解"改革开放"。循此思路向前追溯,会把我们带入一种严肃且意义重大的历史思考。不过在这里,指出这一点就够了:如果我们认为"文革"是一个悲剧、一场劫难,绝不容许其重演,那么,除了去探究"文革"的起源、发展、结果和机制,我们还要认真研究作为其反动的改革开放史,了解最初启动"改革开放"的那一代人的初衷,包括邓小平那一代共产党人否定"文革"的共识,以及他们基于这一共识和民心民意而提出的改革方案。事实上,中国社会有今天这样的发展,中国在世界上有今天这样的地位,仅就国家大政方针而言,正是沿着邓小平及其后继者确立的方向努力的结果。这个方向,用我在前述总结发言里的话说就是:确立尊重和保障个人权利的"公",推动民主与法治,以及以还人民自由为特征的"解放"。中国人在过去40年创造和积累的一切,从物质财富到社会资本,皆因为这一历史性转变才成为可能。

诚然,改革开放40年带给我们的,有经验,也有教训,有各种各样的问题,而许多根本性的问题,只有通过继续推动改革开放,继续向前面描述的大方向努力,才能够逐步得到解决。停滞不前将错失机遇,最终积重难返;否定改革开放,扭转过去40年中国社会的发展方向,将没有未来。这是我们从改革开放史以及造就我们时代的改革开放前史中得出的最大经验教训。

"要让法治成为文化"简评 *

首先要感谢中国政法大学人文学院邀请我来参加这个活动。上次有一个机会和李德顺教授一起参加一个活动,但是后来因为一些偶然的原因,李老师没有能来,所以错过了。这次很高兴能够在这里听到李老师关于法治文化的一些重要的思考。

李老师从哲学出发研究价值论的问题,这正是跟文化密切相关的一个问题,今天他从这个角度给我们展示关于法治文化的一些思考。坦白讲,这些思考和我们一般在法学圈里听到的是不太一样的。

现在我讲一讲我刚才想到的一些问题。我觉得一个讲座最有价值的地方,可能是它能激发我们思考一些问题。

李老师的报告有三个部分,但也可以分为两个大的

---

* 本文系笔者应邀在中国政法大学李德顺教授"要让法治成为文化"讲座上的发言。该讲座于 2020 年 8 月 24 日在线上举行。

部分。

　　一个是学科的问题,就是法治文化作为一个学科,它存在的理由、它研究的对象、它的目标等等。另外一个是法治文化作为一个可描述的、可观察的对象,或者说一个学科的对象也好,一个研究的对象也好,它是怎样一种情态。这两个问题的关系很密切,如果对后一个问题有了解,或者说对它的阐述完全展开以后,可能前一个问题也就有了一些答案。

　　我对前一个问题没有太多的想法。"法治文化"被设定为一个二级学科,与"法律史、法理学并列",我也是第一次了解到。这样一种学科设置的出现可能会有一些局外人不了解的考虑。从研究具体问题的角度考虑,我赞同李德顺教授在最后讲的,对"法治文化"的研究应该是跨学科的。但是,是否一定要因此设置一个相应的学科来研究,在我看来反而是不一定的。比如说,就法律方法论而言,相对于"法教义学"有所谓的"社科法学"(这个名称我个人觉得有很多问题,我们暂且用这个名字),"社科法学"不是一个学科的名称,也不是任何一个一级、二级、三级学科里面的学科名,但是它是一种法律方法,它在方法论的层面上是有意义的,它可能结合了很多不同的学科。尽管大家可以对它进行讨论或批评(包括它的名称是不是恰当,方法是不是有效,提出这样一个名称本身是不是涉及一些学术利益的分配,等等),但是不能否认它有方法论方面的依据,也有一定的积极意义。我们讲的需要运用跨学科的方法去研究、去理解、去认识、去把握的法律文化、法治文化,也可以放在"社科法学"这个方法论里面来处理。所以是否一定要设置这个学科,可能并不是一个非常重要的问题。当然这完全是一个局外人的看法。

另外一个可能更重要的问题是,李德顺教授最后讲到,法治文化作为一个学科,它要培养的是一种"高端人才",这种人才要在推动法治建设方面起到"引导、示范"的作用,对于这一点我不是很理解。假定我们培养出来的人是学者类型的,那其实我们要培养的是一个合格的学者,如果他是博士生,他应该能够达到博士生的要求,应该能够做出很好的符合博士要求的研究,他要有好的学术训练,或者说他要有综合的学术训练,有人文学科的、社会科学的,甚至有自然科学的,还有新兴科学的,比如像大数据、人工智能等,还要有传统的法理学的、历史学的等各方面。一个好的学者,不管他的专业是什么,他的领域组合如何,他一定能够做出好的研究。实际上这个时候我们对学者的要求是:他要有良好的学术训练,他需要在学理分析的基础上有很好的反思的意识、批判的意识,能够独立地展开研究,并且能够很深入地介入所研究的问题,他的研究要有说服力,可以和国内外学术界很好地交流,能够给人以启迪。这就是一个好的学者的本分。那他是不是因此就能够推动法治?当然,如果他贡献出一种思想,贡献出一种理论,那可以说对法治有所推动,但是这种人在我们社会里面非常非常少,我们现在培养的人远远达不到这个程度,尽管我们可以把它列为一个目标。但是老实说,这样一个目标,不是我们设一个学科就能够达到,而是需要一个整体的学术环境的改善,包括学术的文化、学术的机制、大学的制度等等。而这些方面正是我们不足的。我们在这种情况下培养出来的大量学人,距离上面的目标是有很大差距的。所以我们要考虑,设置这样一个专业想要达成的目标究竟是什么?反过来说,要对中国法治有一种推动、引导、示范的作用,是不是有这样一个群体、这样一个组织、这样一些人呢?当然有。这个正是我们面临的中国法治推进上的一个非常现实的大问题,但这个问题显然不是在校园里面通过培养学者来实现的。所以如果有这种所谓的"高端人才"(我不大愿意用这个词),如果有这样一个重要力量,或者说一种因素,可能我们需要把思路引到别的地方去——在中国实现法治如何可能。这是一个相当重要的理论问题、现实问题、政治问题,这个我们可以在最后的地方再来展开一点讨论。

现在我还是想对李老师刚才的报告从头开始稍稍做一点梳理。我想到了几个问题。

第一个问题是关于报告的题目——《要让法治成为文化》，这个题目需要稍微讨论一下，因为它是有一些含义的。它的潜台词是法治没有成为文化（不管这个说法是不是有问题，大家同不同意，它都是这个题目的一个潜台词），"要让法治成为文化"，意思就是说法治还没有成为文化，但是法治可以成为文化，而且法治应当成为文化。我想这三层意思都是"要让法治成为文化"里面所包含的。所以下面我们就要问，如果说法治还不是文化的话，这个根据又是什么呢？这在很大程度上可能取决于我们对法治的定义，如果我们的定义本身就包含了文化的含义的话，我们就很难说法治还不是文化，所以可能在有些人看来这个说法是有问题的，因为法治本身就是文化。所以，这首先是一个定义的问题，我们也稍稍来讨论一下定义。法治，李老师也提到了，它和 rule of law 是对应的，我们有没有可能去想象一种对 rule of law 的定义是文化无涉的？可能比较困难。我个人觉得，和我们前面讲的法律制度的"法制"相比，"法治"牵涉到很多法律的基本原则的问题，比如从公民角度来说的守法的问题：应不应当守法？守法的根据在哪里？应该遵从什么东西？如果我内心有一种道德判断或者宗教的判断、一种信仰使我觉得这个法律很邪恶，那么我还要不要去守法？这本身是 rule of law 所要求和带入的问题，而这种问题本身就是文化的。所以，如果从这个角度来看，"要让法治成为文化"这个问题可能就变成了"要让法治成为我们的文化"这样一个问题。我们在讲文化的时候，经常讲它是有差异性的，所以这里面包含了另外一层含义，"要让法治成为文化"，是因为法治还没有成为"我们的文化"，而"我们的文化"是另外一种文化。李老师后来讲他的第二个问题——"从文化角度来看法治"——的时候，列举了很多组对立的词，比如人治和法治等，他也很明确地说，我们的传统是人治的文化。所以这里就又引出了一个问题，这样一个有待定义的法治，它还没有成为我们的文化，它应当成为我们的文化，它也可以成为我们的文化。这就需要对我们的文化有所了解，我们的文化是什么样的文化，我们的文化和法治是什么样的关系。当然这个法治还是会涉及定义的问题。李老师给了一些定义，比如说亚里士多德的定义，还有他自己的一个定义，但是这些定义似乎还是解决不了我们现在面对的这个问题——我们的文化和法治的关系。那么我们的文化是非法治的文化吗？还是反法治的文化呢？还是跟法治没有关系的文化呢？所以这些问题是要求我们去思考的。这是第一层的问题。

第二个问题是为什么要让法治成为文化,这包含了刚才我们分析的这些问题,而这些问题目前还没有非常明确的答案。但是我们可以在这个基础上问为什么,要解决什么样的问题。

第三个问题是如果我们有理由说确实可以而且也确实应该让法治成为文化,那么如何做到?刚才我们说的去推动、去引导、去示范,要有这个过程,那应该由哪些人去做、通过什么样的机制去做到这一点等,这都属于"如何"的问题。

所以可能从一开始还是要先去问"是什么"的问题:法治是什么?我们的文化是什么?

关于法治是什么,有很多定义;文化是什么,也有很多定义;我们的文化是什么,又会有很多的争论。这些问题在这里没有办法展开来讨论,只讲两个问题

首先我想我们大家可以注意一点,rule of law 也好,法治也好,或者在 rule of law 意义上讲的法治也好,它是一个复数的概念,就是说有很多不同的定义。我们可以从最基本的字义开始,这个是约瑟夫·拉兹采取的一个方法,大家都知道他是法理学方面很著名的实证主义的代表性人物。rule of law 的意思,从字面看就是法律的统治,法律之治。当然,这个"法律之治"中的"法律"是什么,这又需要考虑,这也是法理学上的一个最基本的问

题。法治的理论很多，大体分成两大类，一个就是所谓"厚的"（thick）理论，一个属于"薄的"（thin）理论。厚的理论就是实质性的理论，薄的理论是程序性的理论。实质性的理论就涉及"好的法律"，法治其实是好的法律的治理。什么是好的法律？这涉及价值问题，这是李老师所研究的，大家关于价值的问题可能有很多的争论，换句话说，它涉及法治所服务的目标，以及它需要去实现哪些价值。还有一种是程序性的法治理论，基本上就是说法治就是简单的字面上的含义，它主要不涉及价值。当然它本身也是一种价值，比如稳定性，但它是形式化的，不是实质性的问题。很多人，除了拉兹，哈耶克、罗尔斯，甚至是新自然法学派的朗·富勒，他们都是这一派的。我觉得我们从中国的角度，或者说从一个注重历史脉络、现实语境的角度，选择一种程序性的法治概念可能比较合宜，因为在我看来这是一个最低限度的法治概念。这里面有学理的考虑，这就不讲了；有历史的考虑，就是它能够最大限度地融合、容纳不同的历史文化；还有一个现实的考虑，就是在今天这样讲的含义，它有助于我们来理解这个问题，当然这个问题不能详细去讲。

这里面涉及李老师讲的第二个部分里面的一些问题，这个问题我也想顺便讲一下。李老师给了很多二元性的、对立性的概念，"法制"对"法治"、"以法"对"依法"、"工具"对"目的"、"人治"对"法治"，以此来做一个历史描述。我们可能需要考虑这种历史描述会不会有些问题，同样，这样一种概念的对立和划分是不是也会有些问题？比如说"法制"和"法治"，说"法制"就是以法为工具的，而"法治"就好像是具有目的性的。那么 rule of law 是不是同 rule by law 无关甚至完全对立呢？毫无疑问，rule of law 是具有大量的法律制度的建设的，而且这些建设有很多技术性的问题，所以从这个意义上来说，这二者不是那么矛盾的。但当我们特别强调这种差异的时候可能会忽略一些东西。又比如说"工具"和"目的"，在今天很多大家公认为法治的国家，比如美国和许多欧洲国家，法律的工具主义也是很盛行的，法律是有工具性的，我们怎么去把法律的工具性和目的性区分开来、剥离开呢？是不是法律不能具有工具性呢？如果是这样的话，法律可能很难发挥作用。最后就是"人治"和"法治"，这也是一个老的对立。现在有很多理论、很多研究，比如说前几年出版的络德睦的《法律东方主义》就特别批评了西方在确立其现代性的过程当中，把人治分配给东方国家、东方文化，而把自己描述成法治的这样一个自我认知。

我在这里想说的是，一方面可以用这种类型来做分析，但另外一方面，可能更真实的问题是，法治社会内部也有人治的问题，"法治"和"人治"在一个社会内部不断地存在，有一种紧张的关系。美国社会内部的人治因素是非常多的，无论在制度层面还是行为层面都有表现，现任美国总统特朗普为什么被很多法律界的人所反对，跟这个也有关系。反过来说，我们视为"人治"的传统理念，是不是有"法治"的因素呢？是不是有"法治"的经验呢？是不是有和现代能够连接起来的经验呢？这也是一个很值得去讨论的问题。中国古代法家比如商鞅这些人都把法说得高于一切。君主也应该受法的约束，这倒不是因为法高于君主，而是因为，不依法而治的君主就不是明主，不是明主的结果是什么呢？家国不保，甚至连身家性命都丢掉了。法的重要性是这样凸显出来的，当然这个东西后来慢慢弱化了，但我们也不要忘记，这只是中国法律传统的一个方面。中国的法律传统很大，很丰富，不是只有法家。严复在翻译西学的时候说，西文的"法"这个字，在中文里面，包含了四个字的内容，第一个是理，第二个是礼，第三个是法，第四个是制。也就是说，西文的"法"所指称的现象，在中文里面包含了这四个层面。刚才我们讲到的法家的"法"，只占里面的一小部分，那就是"法"，还有一点"制"。如果加入了"理"和"礼"，那么中国传统法的面貌可能就非常不同，它和人的关系也非常不同。比如我们看到，身为天子的帝王的地位再高，也只不过是人间法令的制定者，他不是法的终极渊源。现在有宪法学家注意到这样的问题，开始在"宪法"的意义上去认识"礼"，按照这种看法，礼治和法治有关，而不单纯就是人治。

崔蕴华：谢谢梁老师，非常感谢梁老师对相关问题的引申，今天听了两位老师这种顶尖高手之间的对话，我有一种华山论剑的感觉。在这种对话和交流当中，确实能迸发出很多新的问题和思考。从李老师刚才相关的思考和问题，引发出梁老师的一些相关的思考和问题，比如说关于学科建设的问题，中国法治推进的问题，我们的文化和法治之间的关系问题，法律东方主义这样的一种视野和建构，以及现实之间的一些问题等，我觉得都是对问题的拓展性思考。接下来我想问梁老师的是，如果说法律东方主义人为地割裂了认识对象，这个问题应该怎么来解决？

是不是说因为存在法律东方主义的问题，过去的认识和结论就要颠倒过来？不是的，颠倒过来不过是东方主义的另一种表达。结论相反，但是思想方法、思想模式没有变，还是一种简单化的、二元对立的刻板认知。通过对东方主义的认识和批判，应该破除的是这些东西。所以,并不是说中国跟西方没有区别。如果没有区别,为什么要学习西方的先进文化?西方的先进文化是不是有内容?当然有内容,法治就是。但这个法治不应该是那种被很多人简单化、理想化的东西,而是充满内部复杂性的。反过来,对中国也不能贴一个标签了事,中国也有它的复杂性。上面提到的严复的说法就是很好的例子。可惜他的这个认识被人们忽略了,我们反倒接受了一套东方主义的中国叙述。那是不是说,孟德斯鸠、黑格尔、马克思,还有后来的韦伯这些人的中国论述都是没有根据的?也不是,这个问题的重点在于,除了他们依靠的材料的可靠性之外,他们的看法都是基于特定立场和视角产生的,你必须了解了所有后面那些东西之后才可能知道他们的看法到底是怎么回事。所以,对这些经典作家的思想和结论,需要做深入细致的分析,而不是简单的肯定或否定。

顺便说一句,所谓"后学"很多都包含了一些解构性、批判性理念,用得好就能够增加你的反思能力、批判性,用得不好就可能走到另外一个极端。前面提到络德睦的《法律东方主义》,这本书刚出版的时候有一个发布会,我受邀参加了这个发布会,我当时之所以接受邀请是基于这样一种考虑,就是一方面,我觉得这本书讨论的问题非常切合中国的现实。因为今天很多中国人对自己历史的认识还是这种东方主义式的，而且我们对这个问题非常缺乏反思。但是另一方面我又觉得，如果阅读不当，这本书也可能产生一些负面结果。我们看到，这几十年中国在经济、社会方面有很大的改变，现在是世界第二大经济体，与此相应，中国人在找回自信，知识界也在改变，出现了一些新的论述，这个潮流里面裹挟了一些非理性的、狭隘的情感，甚至是仇恨性的东西。这种时候，东方主义批判可能会助推这样一个过程，这是需要警惕和防止的。我去参加那个发布会，就是想把这个想法传递出去。

人权与"动物权"之辩[*]

——对一种法治意识形态的省思

2018 年 11 月,我在华政做过一个讲座,题目是《鹦鹉买卖与虎骨利用——中国野生动物保护的法律困境》。我提到这件事是因为,今天我要跟大家报告的主题,可以被看成前一次讲座的延伸和扩展,是要把当时不能详尽讨论的问题在此做一些展开。另一个原因是,我想请大家注意到一个变化,上次讲座是在华政长宁校区举行,这次是在线上,之所以有这样的改变,就因为过去这一年半里发生了一些非常重大的事情,这些事情也跟今天要报告的内容有关。因为时间关系,涉及之前讲座的部分我会从简,不过那次讲座的文字稿已经在《法律与伦理》2019 年第 2 期刊出,大家有兴趣的话可以找

---

　　*　本文系笔者 2020 年 9 月 15 日在华东政法大学第 10 期"东方明珠大讲坛"所做报告的录音整理稿。讲座内容全文最初以"梁治平对话於兴中、秦天宝、孙全辉:《人权与"动物权"之辩——对一种法治意识形态的省思》"为题刊出,https://mp.weixin.qq.com/s/MIxhP0Fzax5hMErXHzYJHw。

来看。

现在我先简单讲一下题目里说的"意识形态"是什么，"法治意识形态"又是什么。

关于意识形态有很多定义，我在这里主要把它看成一种具有自主性和整全性的观念系统。这种观念系统不可避免地具有历史性，而且实际上总是和一些特定的群体和利益联系在一起，但表面上看，它是一种普遍性的话语，要为世界提供一套完整解释，所以它的特殊性和它跟特殊利益的关联性常常是被掩盖的。这样一来，意识形态的信奉者往往会丧失对社会现实的认识和批判能力。而我所谓的法治意识形态，就是从这个背景下产生出来的。法治意识形态是这样一种法律意识和无意识，它大概有这样一些特点。其一，它是立基于一套跟法治观念有关的价值，这套价值的排序和权重具有特定社会和时代的特征。其二，从人与动物关系角度看，这套价值排序明显不利于动物，但在法治意识形态的信奉者看来，这根本不是什么问题，因为在他们看来事情就是这样的，世界秩序就是如此。其三，在其拥戴者眼中，法治的主张具有无可置疑的正当性，甚至他们还有一种道德上的优越感，但这部分是因为他们对于这种观念缺乏足够的反省，这里面包含了一种法治观念的无意识。这些是我从人与动物关系角度对一些法律人的论述和观点所做的观察和概括。

在上次讲座讨论的深圳鹦鹉案中，二审律师提出了一些有关野生动物保护政策和法律的主张，他们批评所谓"野生动物产权归公"政策，强调私有产权的重要性，以及贸易、市场、经济利用价值、经济刺激这些因素在动物保护方面的积极作用。关于"野生动物产权归公"问题我们一会儿再谈，这里只说一点，他们的这些说法跟我们看到的历史事实正好相反。科学界的共识是，我们正处在第六次物种大灭绝过程中，而造成这次物种大灭绝的主要原因正是人类的活动，尤其是直接、间接跟经济有关的活动。另外值得注意的一点是，这些主张很符合野生动物利用行业和产业的利益，但在一些方面比现有政策和法律更保守。

值得注意的是，这些关于野生动物保护和财产权的主张不是孤立的，它们是二审律师讲的"法治"的一部分，而他们要通过"个案"大力推动的那个"法治"，除了包括像法律至上、程序正义这些形式化的东西，还有一些很重要的价值，比如个人自由、人权、市场、私有产权等等。这些东西放在一起，构成了一个"价值包"，一个思想和论述框架，在这个框架里面，动物是财产权的客体，是人——当然首先并且应当是私人——可以开发、占有和利用的资源。当然资源也需要保护，但这种保护一旦被认为妨碍市场运行，影响到私有产权的行使，或者对现有部分个人利益、个人自由有所减损的时候，那就是不可接受的。换句话说，只有把动物保护议题纳入这个"价值包"，并且无碍于这些价值的实现，它才是可以被接受的。

上面从法治意识形态角度对鹦鹉案二审律师意见做了一个简单的回顾和概括。现在我们要讲的是鹦鹉案的一个后续事件。就在鹦鹉案二审后的几个月，北大法学院的一个刑法沙龙专门讨论了这个案件，会上有几位刑法学者和律师就中国现阶段动物保护问题，特别是人权和"动物权"关系发表了不少意见。这些意见很有代表性，也可以让我们进一步认识法治意识形态下的动物观。今天的讲座主要就围绕这些意见展开。

根据沙龙讨论纪要，我把这些意见归纳为六点。

第一个可以称为国家主义批判。鹦鹉案二审律师说，他们的当事人不知道自己的行为是违法的，这在刑法上叫作"违法性认识错误"。这也是那天沙龙上讨论的一个问题。讨论中有两位学者借题发挥，大谈所谓国家主义问题。一位学者区分了所谓被告人立场和国家主义立场，主张应该以被告人的认知为基准，而不是以国家法律的判断为基准。另一位学者区分了道义责任和法律责任，认为刑法保护的对象应该是老百姓道德认可的东西，而不是国家法律认可的东西。第二个可以称为社会发展阶段论。具体地说，跟西方社会相比，中国社会发展阶段不同，中国刑法的问题是人道化不够，而西方早已经过了这个阶段，现在是要去人类中心主义，讲"动物权"了。这就涉及第三个问题，就是人权和"动物权"的关系。按那几个学者的看法，"动物权"之说要么不成立，要么不适合今天的中国。中国今天的问题是人权保障，谈不上"动物权"，更不能让"动物权"凌驾于人权之上。第四个是法益说和刑法的谦抑性。他们认为法益论是国家主义的，讲法益违反了刑法的谦抑性，结果导致重刑。第五个就是前面提到的野生动物保护基本政策，国有/公有还是私有？应该注重保护还是利用？他们认为现在的问题不是保护不足，而是利用不够。刑法跟国际公约接轨，太超前了，所以司法应该对那些犯罪行为睁一只眼闭一只眼。第六个问题涉及对法律的理解。沙龙上有人提出，法律是一种"地方性知识"，意思是说，讲动物保护、"动物权"都是外来思潮，不是中国自己的东西，需要警惕。

上面这几点归纳自然很简化，好在沙龙讨论有文字稿，上网查找原文也很容易。我的归纳准确与否，大家可以上网去查证。下面我们就对这些观点做一点讨论，不过在这之前，我们要先对"动物权"这个概念做一点辨析和说明。

今天讲座的题目是《人权与"动物权"之辩》，大家可能注意到了，"动物权"三个字加了引号。之所以要加引号，是因为这个说法出自沙龙上的那几位学者。这也意味着，我们下面要讲的不是作为一般概念的"动物权"，而是沙龙讨论人讲的"动物权"，是我们要考察的法治意识形态语境中的"动物权"。所以，我们要弄清楚的第一个问题就是，他们说的"动物权"究竟是什么？这时我们就会发现，这些学者反对"动物权"的主张，但他们并没有说这个主张是谁提出来的，也没有对他们所反对的"动物权"概念或理论做任何描述和说明。所以，为了使下面的讨论具有针对性，我们需要把问题稍稍梳理一下。

先看几个基本概念：野生动物保护、动物保护、"动物权"，这三者是什么关系？野生动物保护是我上次讲座的主题，涉及一个特殊类别的动物保护。而动物保护显然是一个更大的范畴，野生动物以外，还包括其他范畴的动物，比如说农场动物、工作动物、伴侣动物、实验动物等等。"动物权"则可以说是动物保护方面的一种特定主张，它有自己特定的理论基础，立基点更高，困难也更大。动物权主张可以用到不同范畴的动物保护方面，但至少在现阶段，许多与动物保护相关的理论和实践并没有也不需要讲动物权。我们就以中国的《野生动物保护法》为例。这部法律 1988 年制定，1989 年实施，2016 年大修,这些年来,包括大修之后,它都受到很多动物保护人士的批评。人们之所以对它不满意,不是因为这个法不是去人类中心主义的,也不是因为它没有体现什么动物权利,而是因为这部法律太急功近利,太短视,太重视野生动物的经济价值,而忽略它生态的、伦理的、美学的和公共卫生安全方面的价值。结果是既不能有效保护野生动物,也不能很好地保障建立在这种保护之上的人的利益。这些问题因为这场疫情暴露无遗,根据全国人大常委会的要求,这部法律的修订工作已经提上议事日程了。这一点很有讽刺意味,因为它刚刚经过了一次大的修订。

现在我们再看另一组概念,一个是动物福利,一个是动物权利,还有一个是人类中心主义。这些概念之间又是什么关系? 简单地说,动物福利指的是“与其生存和死亡条件有关的动物个体的身体和精神状态,是一个涉及科学、伦理、经济、文化、社会、宗教与政治等多个维度的复杂的多面向主题”。这是世界动物卫生组织有关动物福利的说法。更流行的说法是动物福利包括动物应享有的五项“自由”,它们涉及动物生理、心理、环境、卫生以及行为方面的基本需求。满足动物的这些需求,或者说满足动物福利的要求,并不一定要采取去人类中心主义的立场,也不一定要主张动物权利。相反,就改善动物福利有利于提升包括其经济利益在内的人类福祉而言，动物福利主张与人类中心主义并不冲突，只不过，要承认和提高动物福利的标准，可能需要一种更温和、更人道也更文明的人类中心主义。换句话说，人类中心主义也有更狭隘、更野蛮和更温和、更人道的区别。至于动物权利，简单说就是承认动物也享有权利，尽管动物的权利和人的权利内容可以不同，但重要的是，动物也可以成为权利主体，动物享有权利的那些资质和人类享有权利的资质有相通的地方和共同的基础。这就不是人类中心主义的了。当然，从动物福利到动物权利，这里面也可以有某种关联，某种发展和转变的可能性。

在做了上面的简单梳理之后，现在我们再回到前面的问题，那些法律人在批评"动物权"的时候，他们针对的到底是什么？从他们的立场出发，他们赞成什么，反对什么？

前面说了，北大刑法沙龙是因为鹦鹉案召开的，那里的讨论也是围绕这个具体案件展开的。所以，"动物权"的批评者也首先是讲鹦鹉案，如鹦鹉案涉及的刑法和司法解释，相关的国际公约，还有相关的野生动物保护政策，与此同时，他们的矛头也指向一般可以被归入动物保护的各种主张和活动，尽管他们也没有具体指明批评对象。问题是，按照上面的概念梳理，《野生动物保护法》

也好,鹦鹉案所涉及的动物利益也好,都跟"动物权"没关系。换句话说,这些学者在讲"动物权"的时候,其实是把许多不同的东西混为一谈,在上面贴了一个"动物权"的标签。他们这么做当然是因为他们对这些问题没有研究,甚至缺乏基本的了解,同时也是因为他们在动物保护问题上有强烈的偏见。而他们之所以用"动物权"而不是其他的什么做标签,大概是因为这个词最刺激,最让他们反感,而且在他们看来,这个假想敌也最容易被打倒。想想看,动物也是权利主体,这件事听上去不是很荒谬吗?还有,人权问题还没有解决,谈什么"动物权"?太奢侈了吧!把人权和"动物权"对立起来,把它们说成是一对具有对抗性、排他性和竞争性的概念,这种做法在中国很有市场,关键是,这样他们就稳操胜券了。

只是,他们提出的是一个假问题,他们树立的假想敌并不存在。鹦鹉案跟"动物权"无关,《野生动物保护法》,《刑法》第 341 条,还有相关司法解释,都跟"动物权"没有关系。不仅如此,中国当下动物保护的主要议题也不在动物权利方面,而是,比如说,改变过去的野生动物资源观,扩大野生动物保护范围,尽量减少对野生动物的经济利用,确立全面的动物保护观念,推广和落实动物福利理念,建立完备的动物福利制度,推动动物保护立法,禁止动物虐待,等等。这些议题基本上都不涉及动物权利,跟真正意义上的动物权没有直接关系。但是根据上面的分析,这些主张都可以被归入那几位学者所说的"动物权",被他们以这样或那样的理由来反对。

好了,我们现在就来看看他们的理由。

先说国家主义。这是个大词,后面有一套宏大理论。在一个基于具体案件的刑法专业研讨会上提出这样的问题有点不寻常,所以当时就有人说这问题太大了,我们讨论不了。更重要的是,讲国家主义的两位学者把他们的推论建立在"违法性认识错误"的基础上,让人觉得头重脚轻。前面说了,鹦鹉案二审律师说他们的当事人不知道自己的行为是违法的,但他们没有提出什么像样的证据,后来参加沙龙的学者也认为,二审律师的"违法性认识错误"辩护并不成功。实际上,在涉野生动物犯罪案件中,被告人说不知道自己的行为触犯了法律,这种抗辩很常见,但成功的不多。另一方面,现实中,行为人明知违法,但抱着侥幸或者从众心理还去做的情况很多,比如在候鸟迁徙季节(现在就是),从南到北,山上林间,鸟网遍布,捕鸟人有个人也有团伙,有业余的也有职业的,这些人不知道自己的行为是违法的吗?当然不是。各地鸟市的情况也是这样,业内人对法律法规比你我都熟,也知道怎么规避法律,钻法律的空子。一边是有法不依,另一边是执法不严,违法不究,结果就是违法现象普遍,阻挠执法甚至抗拒执法的情况也时有所闻。我们国家野生动物保护不力的情况由此可见一斑。在这样的背景下讲"当事人主义",抵制"国家主义",究竟意味着什么呢?

再看阶段论。阶段论强调中国社会和西方社会发展阶段上的差异,以此来说明"动物权"在中国的超前性。这是一种我们经常听到的说法,也是一种缺乏论证的断言。因为它没有说明,当然更没有证明,为什么中国现在要讲人权、法治、民主、宪制但不需要讲"动物权"?为什么前面那些是中国的问题而后者不是?而且,只要放宽视野,我们马上就会发现,这种观点过于狭隘,过于简单化,没有说服力。我举几个例子。

过去,动物一直是财产权的客体,是法律上的"物"。这种情况现在有了改变。先是《奥地利民法典》,然后是《德国民法典》和《瑞士民法典》,都有了"动物非物"的条款。中国呢?刚刚制定颁布的民法典是世界上最新的民法典,据说也是世界上最先进的民法典,是不是这样我不知道,但至少在动物法律地位这个问题上,我知道它一点也不先进。尽管在民法典制定过程中有人提出了这方面的建议,但是没有受到重视和采纳。当然,阶段论者有现成的理由为这种"落后"辩护,我们在发展阶段上落后于人家嘛。但我刚才说了,社会发展阶段有差异是一回事,应不应该讲"动物权"是另一回事。所以,只说发展阶段不同说明不了什么。

换个角度，看一下动物保护法。世界上很多国家和地区，包括中国的香港、澳门和台湾地区，都有一般性的动物保护法，有的还有很长的历史。许多发展中国家，经济上不如中国发达的国家，也有这类法律，但中国大陆没有。这个问题显然不能用社会发展阶段来解释。

进一步说，除了动物保护法、动物权观念，还有自然权利的观念。於兴中教授的《法理学前沿》讲到了大地法理学，讲的就是这个问题。自然权利包括非人类生命的权利，也包括无生命自然物的权利。推动这个观念最有力的不是西方发达国家，而是发展中国家，像是印度和南美的一些国家。厄瓜多尔 2008 年宪法就明确引入了"自然权利"概念，并围绕这个概念设计了一系列条款，加于厄瓜多尔政府和人民一系列义务，要尊重这种自然权利。2010 年，也是在南美，玻利维亚组织召开了一个有几万人参加的"世界人类大会"，会上通过了《地球母亲权利世界宣言》，而让这个宣言成为联合国宣言，是他们的下一个目标。

如果讲社会发展阶段，我们就要问，厄瓜多尔和玻利维亚处在什么阶段？印度又处在什么阶段？为什么他们会提出这样的问题？为什么到我们这里就只能讲人权，不能讲"动物权"，更不用说"自然权利"了？当然，因为上面说过的原因,我们今天不讨论真正意义上的动物权利,更不会去讨论自然权利,但这不等于说这些问题不存在或不重要。其实,这些都是非常重要和严肃的问题,同我们的生活和生存有密切关系。

最后,我们可以再换个角度来看一下阶段论。《野生动物保护法》规定,中国对野生动物的基本方针是"加强资源保护,积极驯养繁殖,合理开发利用"。这一条从1988年写进法律,到2016年修订,实行了将近30年。这条法律从哪里来?你看一下之前由国务院制定的政策就明白了,那条政策的具体表述是"加强资源保护,积极繁殖饲养,合理猎取利用"。什么时候制定的?1962年。政策变为法律,只有两个字的差别,前面是"猎取",后面叫"开发"。20世纪60年代的时候野生动物数量相对较多,1988年以后不行了,所以改为"开发",主要是人工驯养繁殖。2016年法律修订,这条又改成"保护优先、规范利用、严格监管"。表面上看更重视保护了,但是通观整个文本,再对照现实,你会发现,修订之后的《野生动物保护法》并没有改变原来那个开发、利用的政策导向,不但没有改,它还把原来的东西制度化、扩大化,把它升级了。结果我们看到这样一种现象:它在表述上做了一些调整,在实质内容方面却很少改变。这说明了什么问题呢?我们知道,修法议案是2013年由全国人大的几十位代表联署提出的,推动力主要来自社会,也来自动物保护界。他们希望通过修法把这部法律变成真正的野生动物保护法,而不是野生动物利用法。但一些政府部门和野生动物利用行业不这么想,他们要保护自己的既得利益,要继续开发、利用野生动物。所以就有了法律的表里不一。当然这是另一个话题了。如果回到阶段论,那我们就要问,20世纪60年代初的中国和80年代以后的中国处在同一个发展阶段吗?答案不言自明。那为什么这个政策不变呢?阶段论者需要好好想一下这个问题。

其实,只问中国社会处在什么发展阶段,不如问中国现在主要面对什么问题更切题。跟我们这里讨论的问题有关的是,过去40年,我们在经历经济高速发展、财富大量积累的同时,也造成了严重的环境问题。野生动物栖息地的缩小和碎片化,野生动物种群的濒危和灭绝,就是自然环境遭到破坏的一个指标。与此同时,其他方面也有巨大改变。比如野生动物养殖和农场动物方面,动物数量增长非常大。给大家一个数据,改革开放以来,中国的肉类、禽蛋、牛奶产量增长了150倍,肉、蛋总产量居世界第一。这意味着,我们今天的生活方式跟40年前大不一样了。但这种生活方式是有代价的。养殖工业化和规模化,带来环境污染、能源消耗、药物滥用、食物价值浪费、甲烷释放、生存条件恶劣、人畜共患病等难以避免的问题。这些问题与动物福利有关系，发达国家比我们早一点遇到这类问题，我们可以从他们那里汲取一些经验和教训，用来解决我们目前碰到的问题。所以不能借口有发展阶段差异就不谈这些问题。重要的是，这是我们自己的问题。

另外，我们还要看到，中国的问题也是世界的问题。比如中国国内野生动植物消费市场过去这几十年迅速扩张、膨胀，相应地带动了全球野生动植物贸易和走私的高涨，对世界其他国家和地区的野生动物保护构成了极大的压力。这方面的事例很多，我们经常看到各地海关破获走私犯罪案件的新闻，一次搜缴的野生动物活体、尸体、制品就可能数以千百计，成吨的象牙，还有穿山甲、虎骨、犀牛角等，铺满整个篮球场，令人瞠目。我在上次讲座里也提到象牙问题。非洲大象的数量在 20 世纪初还以千万计，一个世纪以后只剩下百万头。过去十年，大象的数量从 120 万头降到了 60 万头。造成非洲大象数量锐减的主要原因是偷猎，非常血腥残忍的屠杀，其目的是得到象牙，牟取利润。很不幸，中国是全球最大的象牙消费市场和象牙走私目的地。2017 年年底，中国开始全面禁止象牙贸易，这个举措受到全世界的欢迎和称赞。但穿山甲就没有这么幸运。中华穿山甲在野外早就看不到了，世界上存在的另外七种穿山甲，也都面临灭绝的危险。但现在人们对穿山甲的捕猎和走私不是减少了，而是增加了。有调查表明，现在穿山甲走私贸易数量已经超过了象牙，而最主要的走私目的地和消费国还是中国。

除了上面的这些事例，我们还可以提到大家更熟悉的伴侣动物、流浪动物的例子，在过去几十年时间里，这类动物数量激增，也带来种种社会的、伦理的和法律的问题。

从上面列举的这些问题看，我们正处在一个亟需改变生产和生活方式，增加社会经济发展可持续性的阶段，而为了解决我们所面临的许多重大问题，我们必须调整和改善人与动物、人与自然的关系，其中就包括重视和加强动物保护，提高动物福利水平。如果要讲阶段的话，我们就处在这个阶段。

我这样说，批评者可能会回答说：我们并不反对动物保护，但中国现阶段最重要的是要解决人权保障的问题，无论如何，总不能把"动物权"放在人权之上吧。这种说法可能包含两层意思，一是认为"动物权"和人权是互相对立、互相排斥的，"动物权"进一步，人权就要退一步；或者，二者不完全排斥，但有个先后问题，必须先人权，后"动物权"。有一位学者就说，讲"动物权"，人与动物平等，要后一步，后到什么时候呢？要到共产主义阶段。这里的问题是，这种关于人权和"动物权"对立的假定可能并不存在,这两者的关系可能不是排斥性的,而是互相促进和共同发展的。至少,我们能观察到这样一个简单和普遍的现象:在当今世界,一个社会中人权保障的程度,动物权观念的发达程度,还有这个社会的文明程度,这三者基本上是成正比的。

现在我想以 19 世纪英国的动物立法为例来说明这个问题。不过要先说明一下,我之所以举这个例子,是因为沙龙上的一位"动物权"批评者提到了英国的动物立法,他说英国是人权出现最早也最发达的地方,所以英国就出现了动物权,这证明了一个观点,即"动物权是人权的延伸"。照理说,我们由此得出的结论应该是:人权和动物权有非常密切的关系,二者互相促进。如果说人权孕育了动物权,那动物权也应该能促进人权。但奇怪的是,那位学者接下来却说,现行野生动物政策的问题是保护过度,利用不够。因为野生动物就是人类的资源,我们就应当把它当作资源使用,现在的问题是用得还不够。我们很难理解这种自相矛盾的说法。也许他的意思是说,人权问题解决了,"动物权"的问题也就不存在了,所以只要讲人权就够了。换句话说,人权吸纳了"动物权"。但是不管怎样,英国这个例子不可能被用来支持这位学者的立场,相反,它恰好证明这种立场是错的。下面给大家列举英国在 19 世纪通过的一些法例。

1822 年的《马丁法案》(Martin's Act)禁止虐待马、牛、驴等家畜,可以说开了现代动物福利立法之先河;1835 年的《皮斯法案》(Pease's Act)禁止斗牛、斗狗和其他一些残酷娱乐行为;1819 的《棉纺厂法案》(Cotton Mills Act)禁止在棉纺厂使用童工;1833 的《废奴法案》(Slavery Abolition Act)废除了奴隶制;1848 的《公共健康法》(Public Health Act)创建了国家公共健康计划;1870 的《儿童教育法》(Elementary Education Act)开始实施大规模儿童教育活动;1876 的《禁止虐待实验动物法》(Cruelty to Animals Act)对实验动物的使用加以规范。我们看到,19 世纪,英国出现了一系列动物保护立法,其中,《马丁法案》通常被认为是近代最早的动物保护法,也是现代动物福利立法中最早的一个重要法律。这个法律先是在欧洲后来是在世界范围内都有影响。跟这些法律同时出现的,还有禁止使用童工的法律,有废除奴隶制的法律,也有建立国家公共健康计划的法律和实施大规模儿童教育的法律。这些法律有一个共同点,它们都体现了一种深切的人道关切,这种关切及于动物,也及于人,尤其是社会中的弱势群体。当然,这个过程不是一帆风顺的,当时也有人反对废奴,反对动物保护。但是这些法律最终还是出现了,而推动这些法律的有时是同一批人,比如英国政治家和慈善家威廉·威尔伯弗斯。此人在 1833 年去世,英国的《废奴法》也是在这一年颁布,就在他去世前几天,而他本人正是英国废奴运动的领袖。他同时也是英国第一个动物保护组织"英国防止虐待动物协会"(RSPCA)的创始人之一。

之所以出现这种现象,是因为把动物纳入道德关切,其实也是人类自身破除歧视、追求平等的努力的一部分,提高和保护动物的福利,也是人类通过法律促进自身福祉的一部分。说到这里,我想提到之前也在这个论坛做过讲座的陈利教授的获奖著作 Chinese Law in Imperial Eyes,那本书里专门有一章讨论 18、19 世纪西方社会情感文化的兴起和影响。根据他的研究,19 世纪英国等西方社会的很多制度变革和法律进步,包括当时的司法改革和反对"动物权"的学者提到的刑法人道主义化,背后的推动力就是这种"情感文化"。这种新的情感文化催生了一套新的态度和情感习性,其核心是对众生的痛苦和苦难的同情心。随着这种情感文化的发展,越来越多的人认为,道德和文明的个人及其共同体,应当同情那些遭受身体和精神伤害的众生,包括以前受鄙视的人,比如奴隶、罪犯,也包括动物。尽管陈利教授关注的问题不是人权和动物权,但他的研究对我们理解这两者的关系是很有帮助的。

现在看一下法益论。法益论算是一种比较新的学说,这种学说为环境保护提供了一些新的手段,可以更有效地实现环境保护方面的目标,所以在环境法学界比较受欢迎。但是批评者认为法益论有害,是国家主义的体现,因为按照法益论,一种行为即使没有造成人身伤害和财产损失,也可能要承担法律责任甚至刑责。据说这违反了刑法的谦抑性,导致"重刑主义"。鹦鹉案判决、《刑法》第341条,还有两高的相关法律解释,都被认为是重刑主义的表现。那些法律人以人权之名反对法益说,反对"动物权",这也是一个重要理由。

那么,这个重刑问题到底应该怎么来看呢?我想可以从几个方面来考虑。首先,一般意义上,中国的刑法过重,有重刑问题,这是多数学者的看法。不过也要清楚,这个重刑是结构性的,也就是说,这是个一般性问题,并不只是野生动物保护方面的法律是这样。其次,只说中国存在结构性的重刑,并不足以准确描述中国刑法的特点。相反,这种说法很容易产生误导。实际上我们经常看到,在许多具体问题上,与很多发达国家的刑事法律相比,中国的法律实在是太轻了。在很多发达国家会被严厉惩处(如判刑数年)的行为,中国可能只是批评教育、劝说或最多治安拘留。这方面的案例很多,比如校园霸凌和"医闹"。"医闹"这个词很有意思,本来是典型的法律问题,说成"医闹"就变成不知道是什么东西了,这是中国特色。顺便说一句,这里拿西方发达国家的法律做比较也不是我的创意,是那些批评重刑主义的人要这样。他们说,我们这里动不动就判个 5 年、10 年(指涉野生动物犯罪),人家那里就判个社区服务什么的,这不是重刑是什么? 这时候他们不讲社会发展阶段不同了,自然,他们对在那些国家虐待动物属于犯罪,可能入刑这样的事也不以为意。相反,你要是在中国主张立法禁止动物虐待,他们又会搬出阶段论、重刑论,说中国还没发展到那个阶段,我们一直受重刑主义之苦,不能再新设罪名,加重刑罚了。再次,单看《刑法》针对涉野生动物犯罪的规定,不能说处罚太轻,但这些年涉野生动物犯罪有愈演愈烈之势,问题出在哪里呢? 如果把行政监管、执法和司法这些环节都考虑进去,你就会发现,主要问题跟刑法轻重无关,而是违法成本太低。就像前面说的,有法不依、执法不严、违法不究,这种情况比较普遍,被抓、被罚、被判的是极少数,你说这是重刑还是轻刑呢? 显然,问题没有那么简单。不管刑法规定如何,在动物保护的问题上,我们面临的不是什么重刑依赖,而是制度供给的严重不足,而出现在监管、执法、司法,甚至立法上的种种问题,恐怕都与人们尤其是法律人的认知和观念有关系。

再看动物保护与私有产权的问题。鹦鹉案二审律师特别强调私有产权在动物保护方面的重要性,或者不如说，他们是借鹦鹉案来张大私有产权，这种论调在北大沙龙上也能听到。但我已经说了，他们提出的理据是反事实的，站不住脚。问题是，他们为什么会罔顾事实，力主私有产权制度呢？我想，他们真正在意的其实不是什么动物保护，而是私有产权、市场经济这些东西。这也不难理解，这些本来也是在中国亟需加强的东西。不过我们也要看到，在特定背景下，财产权的重要性有被放大和绝对化的趋势。有人就写文章说，财产权的有无不仅是文明和野蛮的分界，也是人和动物的区别。人有私有财产的观念，动物没有，所以这是人区别于动物的一个根本特征。这种论证很有意思，它把私有产权的正当性建立在人与动物有别的基础上，等于是诉诸"物种歧视"这种人类最根深蒂固的偏见，但在这样做的时候，作者自己的偏见也暴露无遗了。

因为强调私有产权的重要性，所以要批评"野生动物产权归公"。但是这种批评的含义并不像看上去那么清楚明白，需要稍加分析。说"野生动物产权归公"（沙龙上有人说是"国家所有"）根据在哪里？首先是《宪法》，《宪法》第9条规定，自然资源属于国有，也就是全民所有，这条没有提到野生动物，但可以被理解为包括野生动物。其次是《野生动物保护法》，这个法律明确规定野生动物资源属国家所有。但问题在于，《野生动物保护法》同时也鼓励私营部门对野生动物的驯养繁殖和商业性利用，实际上这也是国家针对野生动物采取的一贯政策，一个非常庞大且发展迅速的野生动物经营利用行业就是从这里被催生出来的。法律和政策这样规定，理由就是这样有利于野生动物保护。所以，那些批评"野生动物产权归公"的人提出的主张，像什么"以动物养市场，以市场保护动物""投入民间资源去保护动物"，本来就是国家野生动物政策的既定方针，这与"野生动物产权归公"完全不矛盾。所以，如果对"野生动物产权归公"的批评是有意义的，那它的实际主张就是野生动物资源应当私有，否则这种批评就没有意义。但是如果这样理解，那就必须承认，这是一个非常激进的私有化主张。当然，对自然资源的归属做理论上的讨论是没有问题的，提出激进主张也没问题，问题在于，提出这种主张的人没有提出任何可以证明其合理性的理据。如果包括野生动物在内的自然资源不属于"国家"（按《宪法》的说法也就是"全民"），而属于私人所有，根据是什么？在私人间应该怎么分配？这些私人权利应该如何行使？这种制度对野生动物保护可能产生的后果是什么？等等，这些重大而基本的问题完全没有被涉及。在这种情况下，我们甚至有理由怀疑，他们是不是真的知道自己在说什么，他们对中国野生动物经营利用方面的情况又了解多少。上面讲了，他们主张的私人对野生动物的占有、利用和开发一直是我们的国策，而在这种政策的扶持、鼓励和推动下，中国野生动物经营利用行业这些年的发展可以说如火如荼。结果是，中国现在成了世界上规模化驯养繁殖野生动物种类最多的国家。所有已知的野生动物，只要是有经济价值的，都是被开发、利用的对象。如此大规模的开发利用，极大地推动了野生动物消费市场，反过来又带动了对野生动物的各种非法利用，除了前面提到的走私，还有人们经常提到的"洗白"，更不用说经济利益驱动下的各种非法捕猎。有人用"灭绝性捕猎"来形容这些年来的这类违法活动，这方面的调查和报道很多，大家可以找来看。那么，通过驯养繁殖来利用野生动物，有没有促成那些官员、行业人士和学者所想象和声称的"野生动物保护"呢？野生动物野外种群的生存状况有没有因此得到明显的改善呢？很遗憾，没有。下面给大家看两组数据。

1970 年至 2010 年间，中国陆栖脊椎动物种群数量下降了 50%。其中，两栖爬行类物种下降幅度最大，为 97%，兽类物种下降了 50%，面临灭绝危险的哺乳动物种类达到 50% 以上。这个数据来自世界自然基金会发布的一份报告。另外一个数据出自环保部和中科院的《〈中国生物多样性红色名录——脊椎动物卷〉评估报告》（2015）。根据那份报告，中国境内除海洋鱼类以外的已知4357种陆生脊椎动物，属灭绝等级的有4种、野外灭绝等级的有3种、区域灭绝的有10种、极度濒危等级的有185种、濒危等级的有288种、易危等级的有459种、近危等级的有598种。最近一个被宣布灭绝的物种是长江白鱀豚，这个消息可能很多人都听说了。实际上，这些年来，物种灭绝和濒危的速度在不断加快。仅20世纪80年代以来，在中国灭绝的主要物种就有华南虎、印支虎、白颊长臂猿、白掌长臂猿、白鱀等，更多物种如穿山甲、黄胸鹀、大壁虎、鲎、斑鳖、野牛、儒艮、蜂猴、金猫、巨蜥、云豹、赤颈鹤、马来熊、犀鸟、绿孔雀等也都处于不同程度的危殆状况。

如果把这两份报告和有关野生动物行业发展的报告放在一起，我们会得到一个什么样的印象呢？一面是野生动物经营利用产业的蓬勃发展，一些人津津乐道的经济业绩；另一面是野生动物野外种群日益加深的危殆状况，前景黯淡，令人担忧。面对这样的图景，我们的政策制定者，还有那些认为对野生动物利用不够、市场化不够的法律人，是不是应该有些反省呢？

大规模的野生动物驯养繁殖和经营利用还带来一个问题，那就是人畜共患病的公共卫生安全风险大大增加了。讲到这一点，大家可能马上想到食用野生动物的问题,全国人大常委会今年2月份紧急通过的关于全面禁止食用野生动物的决定就是针对这一点的。但这里的问题不只是食用,食用只是人和野生动物密切接触的一种方式,在食用之外,还有很多其他可能出问题的接触方式,包括对毛皮动物的饲养和利用,还有中医药的利用等等。这些利用也都增加了病毒溢出以及人畜共患病的可能性。要知道,像 SARS 和这次的新冠病毒这样的能够在人畜之间传播的病毒,并不是轻易产生的。它们要有适宜的条件,要经过长期的和无数次的变异才能产生出来。那些产业的存在就是孕育危险的温床,新的未知的致命病毒不知道哪一天又会从这里爆发出来。这是我们现在面临的一个很大的问题。

最后我们可以讨论一下"法律是一种地方性知识"这种说法。

那些"动物权"的批评者除了强调社会发展阶段差异,还强调国情,强调法律的地方性。在他们看来,我们的作为地方性知识的法律是不讲"动物权"这类东西的。这种看法很有代表性。我们经常听人说,讲动物保护,那是西方的观念,国内的动物保护都是从西方学来的。这看上去是一种陈述,里面其实是批评。我不否认,今天中国社会动物保护的很多概念、理念、理论甚至行动方式、组织方式,是随着中国社会的开放与西方很多事物的传入而发展起来的。但是我想指出两点：第一，如果认为动物保护是这样，那么人权、财产权、宪制、法治这些重要的观念，不也都是在过去一百多年里随着社会的开放、中西文明的交汇而被不断地引进、吸纳进来的吗？今天，它们已经成了我们自己的"地方性知识"。换句话说，"地方性知识"也在改变。如果回到一百多年前，中国刑法学家的地方性知识是《大清律例》，但是今天他们所有的概念、范畴、学说和理论都是西方刑法学的东西。所以，简单地贴个标签，说这个是外来的、西方的，那个是中国的、地方性的，什么问题都没有说明。如果把"地方性知识"当作一个不变的标准，那就不但不能谈人权，我们这些刑法学者连自己的饭碗也保不住了。所以，说"动物权"观念是西方的，不是中国的地方性知识，没什么意义。第二，"动物权"批评者所说的"动物权"，我们说了，其实跟权利没有关系，而与一般动物保护或对动物的某种关切和尊重有关。但是按照这样的理解，我们可以说，"动物权"就是中国的地方性知识，是中国自己的传统，而且这种传统内容非常丰富，与法律的关系也非常密切。

我们先讲一个齐王舍牛的故事。故事说，有人牵牛去祭祀，齐王看到了，就让那人把牛放了。他为什么要这样做呢？他说他看到牛将赴死觳觫发抖的样子心中不忍，因为那就好像是"若无罪而就死地"。这个故事很有名,出自《孟子·梁惠王上》。孟子对齐王表现出来的仁爱之心非常赞赏,认为君子对于禽兽不忍见其死,不忍食其肉,是一件非常重要的事情。这里涉及两个非常有意思的观念:一是"若无罪而就死地",这个讲法跟法律有关,表达了一种同罪与罚有关的正义观念,而它的特别之处,是把这种观念推及动物,或者说是把人和动物视为一体。秦律有一个规定,狗进入皇家禁苑,如果没有追猎和伤及他物,就不能杀害,因为它是无害的。汉平帝《四时月令诏条》里也有类似观念。也就是说,杀死一个生命时要考虑它是否有罪或者有害,是否罪有应得,无论涉及的是人还是其他动物。这是古人一个很重要的正义观念,但好像很少有人注意到。另一个观念也很有名,就是孟子非常看重的"不忍"或"不忍之心",孟子把它与"仁"联系起来,从仁心讲到仁政。当然,过去这主要是针对王者和国君的,但也可以看成是君子修身的一个重要内容。而在今天,它可以发展成为一种与普通个人有关的道德和文明的观念。而这种特定的感受、情感,类似上面提到的情感文化,可能会促成一种更好的制度的形成,因此是具有现代意义的。

这里要特别说明的一点是,中国古代的动物保护思想不光是理念性的,也有非常丰富的制度内涵,既表现在正规制度的方面,如法律、诏书、会典等,也表现在礼俗的方面，非常有中国特点，值得我们重视。讲到礼俗，大家可能想到日常生活中的风俗习惯、民间规约之类，其实远不止那些。古代经籍如《礼记》《吕氏春秋》《淮南子》都有关于"时禁"的内容，就是节制人类行为，规范人与自然关系，具有生态和动物保护意义的礼俗。礼俗本身具有很强的规范作用，而且"位阶"很高，对实在法有深刻影响。比如1992年在敦煌悬泉置发现的西汉《四时月令诏条》，其中对野生动植物的保育有非常细致的规定，如禁止乱砍滥伐，禁止取卵、摧毁鸟巢等，禁止伤害幼小的鸟兽和怀胎母兽，等等。《四时月令诏条》是正式的法律，也是目前见到的这方面内容最完整的早期法令，它的很多内容和原则都是从《礼记》《吕氏春秋》《淮南子》中来的。那里还有一条很有意思，它规定夏季要注意掩埋动物的尸骨。为什么要做这样的规定呢？合理的解释是夏季暴露在外的动物尸骨容易滋生病菌，造成疫病。这是古代的公共卫生观念吧。

除了时禁观念和制度，还有一些动物保护的观念和制度曾经很流行，有些在特定时代还很兴盛，比如唐代很长时间都实行而且一直延续到五代的"禁屠钓"制度。我给大家看一道唐代的诏书，看看唐人对这件事是怎么说的："释典微妙，净业始于慈悲；道教冲虚，至德去其残杀。四时之禁，无伐麛卵；三驱之化，不取前禽。盖欲敦崇仁惠,蕃衍庶物,立政经邦,咸率兹道。朕祗膺灵命,抚遂群生,言念亭育,无忘鉴寐。殷帝去网,庶蹰前修;齐王舍牛,实符本志。自今以后,每年正月五月九月,及每月十斋日,并不得行刑,所在公私,宜断屠杀。"这是唐高祖李渊颁布的《禁行刑屠杀诏》。其中涉及佛教、道教的教理,时禁的礼俗,还有像齐王舍牛这样的儒学仁政典范。诏书文字很短,但把中国这方面的思想传统展现得很清楚。这里规定"每年正月五月九月,及每月十斋日,并不得行刑,所在公私,宜断屠杀",禁止行刑是对人的,禁止屠杀是对动物的,人和动物放在一起。你看,古人的正义观念就是这样。这方面的例子很多,张载著名的《西铭》讲的其实也是这个道理。

那么,近代的情况怎么样呢?我们可以提到民国时期的一位著名女性吕碧城。

吕碧城既是中国近代动物保护思想和运动的先驱,也是中国最早的女权主义者。这让我们想到前面提到的英国人威廉·威尔伯弗斯。关于吕碧城还有一个大家可能感兴趣的小故事。她年少的时候曾经给伍廷芳写过一封信。伍廷芳大家都知道,是中国近代法律制度的开山人物,也是一位大律师。他当年在上海推动和成立了一些跟法律没什么关系的组织,其中一个是"蔬食卫生会"。吕碧城对这个"蔬食卫生会"不满意,认为"蔬食卫生会"讲的卫生完全是从利己角度出发的，这不好，她在信里提出，"蔬食卫生会"应该标明戒杀，弘扬仁恕理念。伍廷芳给这位少女回信表示，原来他们也有这个意思，但是担心标明戒杀会让世俗的人认为是在宣扬迷信佛学，"故托卫生之说，以利推行"。从这里可以看出，伍廷芳本人也是认可这种理念的。20世纪二三十年代，在吕碧城这样的人的推动下，主要是一些有佛教背景的人士在上海成立了"中国保护动物会"。这个保护动物会"仿照各国保护动物会之办法，阻止虐待或残杀各种动物为宗旨"，它的理由是，"人类虐杀动物，实为以强凌弱，有乖正义之事。我国古礼，有无故不杀之条；近代列邦，有禁止虐待之会"。简单的几句话，却很令人回味。除了动物保护组织，30年代还出现了一部《南京市禁止虐待动物施行细则》（1934年），这虽然是一部地方性法律，但在当时是有典范意义的。有意思的是，这部法律是由动物保护组织起草的，而且它的实施也是由动物保护组织配合警察进行的。可惜的是，那几十年内忧外患，没有和平的发展环境，这些组织、法律和相关活动很难发展起来。

上面讲的这些，可以说就是我们的"地方性知识"，一个丰富的也是不断发展、变化的传统。遗憾的是，今天很多人，包括大学里的教授们，对这段历史茫然不知，却口口声声说现在讲动物保护的都是从西方来的。陈利教授在讨论欧洲 18、19 世纪兴起的情感文化的时候,是把这个过程同西方对中国的批判性认识联系在一起考察的。那时的中国是欧洲人建立自我意识的"他者"。为了确立那种新的"情感文化",欧洲人塑造了一个残酷的中国形象:冷漠、自私,没有司法正义,草菅人命,滥杀无辜。中国有没有这些东西?有,但中国并不是只有这些,但在当时,所有符合那种刻板印象的东西被记录、描述、编织在一起,形成一个非常鲜明的面貌,用来同西方对照:人道和人性的西方,对愚昧和残酷的东方(这里是中国)。这就是我们说的东方主义叙述。遗憾的是,尽管现在有越来越多的人开始认识到这些问题,这种东方主义的中国认知还是以不同方式一直延续下来。今天仍有很多人,特别是中国人自己,还在重复和强化这种因为无知和偏见而形成的扭曲、刻板的中国认知,这是很可悲的。

在今天讲座的最后部分,我想转回到当下,和大家一起来看一下与动物保护有关的一些事件、个案,看看存在于其中的问题,以及围绕这些问题表现出来的公众意识、社会需求,还有政府行政部门、立法部门的回应。我先列举最近十几年来引起较大社会反响的与动物保护有关的几个事件。

第一个就是 2002 年某大学生的北京动物园伤熊事

件。这个事件很有名,网上有详细的记载,我就不复述具体情节了。就说一点,事发后,这个大学生的冷漠、残酷行为激起了社会公众的强烈愤慨,法律也介入了,但当时刑法学者们争论的问题是,这种行为到底属于故意毁坏财物还是破坏生产经营,刑法上相关的罪名就这两种。从这里我们能看到法律的严重不足。因为不管把这种行为归入哪个范畴,都不能回应公众的愤慨和其中表达出来的法律意识和正义观念。很简单,如果只是财物损坏或者经营秩序问题的话,社会不会有这样的反响。人们之所以群情激奋,是因为他们感到震惊:我们的教育怎么了?怎么会培养出对生命如此漠然、如此残酷的人?这里涉及的是生命的问题,不是公私财物或经营秩序的问题,而当时的法律在这方面可以说完全失语。更可悲的是,现在快 20 年过去了,法律的这种状况基本没有改变。比如 2006 年有高跟鞋踩踏虐猫视频事件,2010 年和2015 年围绕"归真堂"申请上市有相当规模的抗议"活熊取胆"事件,最新则有一系列谴责和抗议动物虐待和传播、贩卖虐猫视频的事件。在这些事件里,公众意识非常强烈和鲜明,他们的抗议对于阻止动物虐待也起到了一些作用,但在所有这些事件里,法律都是缺席的。相反,以虐待动物谋取利益的企业可以拿法律做自己的挡箭牌。他们说自己是合法的,证照齐全,有政府支持。甚至那些为了取乐或者牟利，以残忍手段虐杀动物的人，也敢公开声言没有法律禁止他们这样做，所以谁也管不着。但越是这样，社会呼吁为保护动物立法的呼声也就越高。所以，最近这十几年来，每年的两会期间，都有相当数量的人大代表和政协委员提交动物保护方面的议案和提案，主要的议题包括禁止活熊取胆并逐步淘汰养熊业，禁止象牙及象牙制品贸易，限制、禁止穿山甲鳞片入药，禁止猫狗肉制品进入餐饮市场，还有就是制定《禁止虐待动物法》或《动物保护法》，等等。《野生动物保护法》在2013年被列入人大的立法规划，最初也是由社会公众、动物保护人士和全国人大代表共同努力推动的。

那么，对于这些来自社会公众和人大代表、政协委员的呼吁，政府方面又是怎么回应的呢？给大家举两个例子。2018年两会期间，全国人大常委会法工委副主任王超英在回答香港卫视记者有关禁止虐待动物立法的提问时明确表示，遗弃和虐待动物都是社会所不齿的丧失公德的行为，应当予以谴责，这是社会的共识。但是这种行为应该承担什么样的责任，他认为还要做更具体的研究。2019年9月，农业农村部在对全国人大代表夏吾卓玛提出制定《禁止虐待动物法》的建议的回复中，也承认了现有法律的不足，给出了比较正面的回应。此外，今年2月全国人大常委会关于全面禁止食用野生动物的决定颁布以后,出现了一波地方立法,其中有明确禁食猫狗肉的,也可以被认为是在间接地回应这个问题。

其实,动物福利议题已经在官方层面展开,并在近年取得了一些进展。从 2017 年到 2019 年,世界农场动物福利大会先后在杭州、北京和青岛举行,农业农村部副部长于康震在一次大会致辞中对动物福利的立法进程予以肯定,而且特别提到,人类经济社会发展到今天这个阶段,人的基本利益是和农业发展、食品安全、健康消费联系在一起的。现在,因为疫情的突然爆发,以及今年 2 月份全国人大常委会相关决定的推出,《野生动物保护法》的再次修订也提上了日程。这意味着,动物保护问题,进而人与自然关系的问题,再一次进入我们的视野,要求我们对目前问题重重的现状,还有造成这种现状的思想、观念、制度、理论和心理方面的原因作出反省和改变。当然,我们知道,作出这种改变是很不容易的,这次如果不是有新冠病毒疫情暴发这样一个对人类安全有重大威胁的突发事件,像禁食野生动物的决定这样的法律是很难想象的。尽管这样,看过去几个月里相关部门为落实这个法律拿出的各种方案,你就会发现,仅仅是把禁食决定落到实处就困难重重,以此为契机重新调整人与自然关系,把中国的动物保护真正向前推进一步,更不容易。所以,接下来的《野生动物保护法》修订能做到什么程度,还很难说。对于这些年社会公众和人大代表们不断呼吁的动物保护法的制定，更是不容乐观。

最后，回到法治意识形态问题。大家也许注意到了，在中国语境里，法治意识形态有一种突出的双重性格，即兼具批判性和保守性。所谓批判性，主要表现为强调人权和财产权的重要性，以及基于这些价值对"恶法""重刑"和国家主义的批判。但是他们的主张，落到人和动物、人和自然的关系上，又变得非常保守，比他们经常批评的现行制度更保守，比如他们认为中国野生动物的问题是保护太多而利用太少，跟国际公约衔接的国内法太超前，甚至说那是"不平等条约"。还有像是对"野生动物产权归公"的批评，如我们上面分析所表明的，背后隐含的主张非常激进，但本质上又很保守，毫无批判性可言。这和那些基于生物多样性、生态保全、公共卫生安全、生命价值以及改善人与自然关系的考量对现行制度做的批评是完全不同的。二者可以说是在两个相反的极端。如果我们把这样一种对立放到一个超越人类的更大历史语境里，把生物、生命甚至整个地球都放进来，它们之间的不同就更加意味深长了。着眼于未来，我们需要超越那些短视、封闭、缺少自省和批判意识的立场，从法治意识形态中获得解放，这件事情非常重要，而且刻不容缓。

最后要说明一下,我在这里批评所谓法治意识形态,指出其中的种种问题,并不是认为法治不重要,人权不重要,财产权不重要。相反,在我看来,这些东西很重要,在今天的中国都是要大力推进的。但正因为这样,它们就更不应该被一些狭隘的观念所绑架,如果是那样,它们就没有办法成为未来中国社会健康发展的力量和资源。顺便说一句,对于所有为保障人权而抗争的法律人,我个人向来都是很钦佩的。我今天的讨论和批评,针对的是事,而不是人。我们需要从法治意识形态当中获得解放,需要看到那些被这种意识形态遮蔽、忽略甚而扭曲的一些重大的社会问题。只有这样,我们才可能有一个未必是多么美好但却是可以想象和期盼的未来。

顺便再说一句,今天报告的这个主题已经写成文章,会发表在《中外法学》今年第 6 期。大家如果想看到更完整的讨论,或有引证方面的需要,可以参阅那篇文章。

后记

　　事缘出版界友人相约,前年专门抽出时间,将历年所著文字,已发未发,大体依文章体裁类别,重新整理归并,结果便是在已有诸书之外,添了几本"新"书。这即是本书的由来。

　　收在这里的篇章,或为会议、论坛之发言,或系报刊采访应答之语,或者是讲座之录音整理稿,其篇幅长短不齐,然均属"言论",而有别于"文章",故辑为一集。惟各篇成文时间,先后不一,而以过去十年为多。书名之选,出于集中的同名篇章,因以该文倡言之说理,不但可以代表本书乃至其他各书努力的方向,也可以表明我对于中国乃至世界未来的期许。诚然,说理有其限度,人类行为之动因亦未可皆归因于理性,然则,理性及说理在人类社会生活中的重要性并不因此而稍减。环顾周遭,放眼世界,此一题旨不是较前数十年更加显豁也更加急迫了吗?

梁治平

2021 年 11 月

图书在版编目(CIP)数据

法律与说理/梁治平著. — 北京：商务印书馆，
2022
ISBN 978-7-100-21035-5

Ⅰ.①法… Ⅱ.①梁… Ⅲ.①法律－中国－文集
Ⅳ.①D920.4-53

中国版本图书馆 CIP 数据核字（2022）第 063924 号

法律与说理

梁治平　著

───────────────────────

商　务　印　书　馆　出　版
（北京王府井大街36号　邮政编码 100710）
商　务　印　书　馆　发　行
南京新世纪联盟印务有限公司印刷
ISBN　978-7-100-21035-5

2022 年 6 月第 1 版　　开本 787×1092　1/32
2022 年 6 月第 1 次印刷　　印张　9¹⁄₂

定价：58.00元